CANADIENNES D'HIER

Marie Bonenfant

CANADIENNES D'HIER

roman

septentrion

Cet ouvrage a été publié avec l'aide financière de la Fondation Chanoine-Fleury et avec l'appui du Programme de subvention globale du Conseil des Arts du Canada et du ministère de la Culture du Québec.

Illustration de la couverture: Élisa Michaud, auteure de *Canadiennes d'hier*, et son frère, Benjamin, dans un des sentiers de tuf qui donnent accès à la grève au nord de la maison de madame Tessier.

Si vous dérirez être tenu au courant des publications
des ÉDITIONS DU SEPTENTRION
vous pouvez nous écrire au
1300, av. Maguire, Sillery (Québec) G1T 1Z3
ou par télécopieur (418) 527-4978

Données de catalogage avant publication (Canada)
Michaud, Élisa, 1870-1942

    Canadiennes d'hier: roman

    2e éd. –

    Édition originale: Montréal, [Éditions B. Valiquette], 1941.

    ISBN 2-894448-001-6

    I. Titre.

PS8526.I23C26   1994   C843'.52   C94-940440-3
PS9526.I23C36   1994
PQ19.2.M52C36   1994

Avant-propos

L'idée de rééditer *Canadiennes d'hier* est née en 1976, au cours des recherches menées pour préparer l'album-souvenir du tricentenaire de Saint-Jean-Port-Joli.

Parmi les documents historiques consultés pour rédiger les «Portraits de Saint-Jean-Port-Joli», les ouvrages de nature littéraire occupaient évidemment une place importante. Les *Anciens Canadiens* et les *Mémoires* de Philippe-Aubert de Gaspé fournissaient de nombreux détails sur les XVIIIe et XIXe siècles. Le *Mémorial* d'Arthur Fournier en contenait aussi sur la fin du XIXe et le début du XXe. *Canadiennes d'hier* tenait davantage du roman mais il fut facile d'en déchiffrer le contenu et de mettre en lumière comment Marie Bonenfant (pseudonyme d'Élisa Michaud) avait décrit la vie de son village natal dans les premières années de ce siècle; bien plus, elle avait mis en scène des personnages authentiques.

Par ailleurs, les recherches avaient permis de mettre la main sur un album de photographies ayant appartenu à madame Valérie Anctil-Tessier, personnage central du roman. Cet album contenait de nombreuses photos du village et de ses habitants dans les premières années du xxᵉ siècle. Madame Tessier y apparaissait entourée de ses voisins, de ses parents et de ses ami(e)s.

En somme, nous étions en présence de deux descriptions contemporaines de Saint-Jean-Port-Joli, l'une littéraire, l'autre iconographique: les fusionner pour en faire un ouvrage illustré allait de soi. Ce n'est cependant qu'avec la collaboration de la Fondation Chanoine-Fleury qu'il fut possible de concrétiser ce projet.

De longues recherches furent nécessaires pour tenter de distinguer le réel de l'imaginaire dans le roman et pour identifier avec certitude les personnages apparaissant sur les photographies. Plusieurs personnes furent consultées à cette fin. Certaines sont décédées entre-temps. Il convient ici de remercier particulièrement monsieur Jacques Castonguay, madame Jeanne Gauvin-Castonguay, mesdames Annette D.-Leclerc et Solange Deschênes, monsieur Henri Lavallée, madame Claire Michaud, madame Hélène Michaud-Dupont, madame Madeleine Sévigny-Giguère, madame Josephte Sirois-Macdonald, monsieur Jean-Daniel Thériault (à qui appartient l'album de madame Tessier), l'abbé Jean-Julien Verreault, madame Gabrielle Verreault-Courchesne.

L'auteure et ses personnages

L'auteure de cet ouvrage, Élisa Michaud, est née à Saint-Jean-Port-Joli le 10 novembre 1870. Son père, Arsène Michaud (1844-1895), avait pratiqué le droit pendant quelques années avant de remplacer son grand-père, Thaddée, au poste de «registrateur» du comté de L'Islet; sa mère, Emma Casgrain, était la fille de Pierre-Thomas, ancien seigneur de Rivière-Ouelle.

De ce mariage célébré à Sainte-Louise-de-L'Islet en 1869 naissent quatre enfants, outre Emma, soit Émélie (1872), Benjamin (1874), Pierre (1875-1885) et Thaddée (1878).

Élisa Michaud étudie chez les Ursulines de Québec puis elle travaille pendant quelques années avec son père au bureau d'enregistrement construit quelques années plus tôt (1880) près de la résidence familiale. Le 2 janvier 1894, elle épouse le docteur Arthur Duval (1847-1917), fils du notaire Zéphirin Duval. Ce mariage peut surprendre, en raison de la différence d'âge, mais surtout à cause des opinions

L'auteure de *Canadiennes d'hier*, Élisa Michaud,
et son frère, Thaddée (coll. privée)

politiques des parents: Arsène Michaud est un
ardent libéral dont le neveu, François-Gilbert-Miville
Dechêne, deviendra ministre dans le gouvernement
Marchand en 1897, tandis que le vénérable notaire
est le beau-frère et l'ancien organisateur d'un ex-
député conservateur, Pamphile Verreault. Cette
situation n'est pas sans avantage: lorsque Laurier
sera au pouvoir à Ottawa, celle qu'on surnomme
déjà Loulou s'y rendra rencontrer Israël Tarte et
d'autres amis de son père pour faire augmenter le
salaire de son mari qui enseigne alors le français à
l'école militaire de Kingston.

Arthur Duval, époux d'Élisa Michaud
(coll. privée)

Vers 1900, les Duval déménagent à Montréal: le docteur enseigne les mathématiques à la succursale montréalaise de l'Université Laval tandis que sa femme y suit des cours de littérature. Madame Duval travaille aussi à la bibliothèque, d'abord comme bénévole, puis à titre d'assistante-bibliothécaire (1912-1914). Par la suite, elle devient l'assistante d'Aegidius Fauteux, conservateur de la bibliothèque Saint-Sulpice où elle demeure jusqu'en 1930.

Après leur mariage, les Duval viennent fréquemment passer l'été à Saint-Jean-Port-Joli; ils séjournent chez «Zéphyr» qui décède en 1910. L'année suivante, Arthur Duval fait construire une maison d'été dans le «bocage du curé», le long de la route de la gare. Devenue veuve en 1917, Élisa Michaud y reviendra durant la belle saison. Artiste, comme son mari (qui était musicien), elle connaît par cœur les vers de Rostand et elle donne notamment le dernier acte de *Cyrano de Bergerac* avec une «troupe» constituée d'invitées de Québec et de Montréal. Elle consacre aussi une partie de ses loisirs à des voyages.

Sous le pseudonyme «Marie Bonenfant» — qui s'inspire du nom de sa grand-mère, Marguerite Bonenfant —, Élisa Michaud publie, en 1941, un roman intitulé *Canadiennes d'hier*. Un an plus tard, le 10 janvier 1942, elle décède à l'Institution des sourdes-muettes de Montréal, à l'âge de 71 ans. Elle est ensuite inhumée à Saint-Jean-Port-Joli, aux côtés de son époux.

Sa maison de Saint-Jean-Port-Joli passera aux mains de sa nièce, Léonora Castonguay. Elle sera incendiée en 1981. Cette propriété, qui occupait tout l'espace entre le 318 et le 338 de la rue de l'Église, a ensuite été morcellée.

* * *

Madame Duval a 70 ans lorsqu'elle publie *Canadiennes d'hier* aux éditions Bernard Valiquette. Il s'agit d'une œuvre difficile à qualifier: étude de mœurs, roman d'amour, roman de la terre, roman historique, autobiographie romancée, tout y est.

Présentée sous forme de lettres, l'intrigue se déroule en majeure partie à Saint-Jean-Port-Joli entre 1912 et 1920. Une jeune Québécoise, Sylvie Carrière, séjourne à Saint-Jean-Port-Joli, village natal de son père, et s'éprend d'un jeune cultivateur du nom de Jean Leclerc. Elle se confie à une vieille dame de l'endroit, Valérie Anctil-Tessier, qui devient sa correspondante, joue le rôle de messagère entre les amoureux et facilite d'autres rencontres.

Bachelière en littérature, Sylvie Carrière est la fille d'un sous-ministre du gouvernement provincial; cette situation inquiète Jean Leclerc et donne des arguments aux filles du voisin, les Bélanger, qui se liguent pour empêcher ce mariage. Jean Leclerc finit par épouser Pauline, la jeune institutrice rurale. Déçue, Sylvie devient infirmière et part exercer sa profession dans un hôpital militaire français.

Après la guerre, elle revient au pays où elle fait connaissance avec Pauline qui s'est remariée après le décès de Jean Leclerc. Réconciliée avec sa rivale, elle se fait construire une maison d'été à Saint-Jean et projette d'occuper ses loisirs à du travail bénévole dans un hôpital de Québec ou de Montréal.

Les critiques des *Carnets victoriens* et de la *Revue dominicaine* ont fait observer que le procédé était peu original. La recension du *Canada français* fut élogieuse quoique très brève tandis que l'ouvrage suscita l'enthousiasme des journalistes de l'*Action catholique* (6 septembre 1941) et de *La Presse* (16 janvier 1942). Tous ces critiques de Québec et de Montréal ont cependant ignoré l'intérêt de cet ouvrage pour l'histoire locale.

Il faut dire, pour expliquer cet accueil mitigé, que Sylvie Carrière ne partageait pas les sentiments de ses concitoyens au moment où s'amorçait la crise de la conscription. Dans une lettre à madame Tessier, elle écrit que sa sœur Hélène

> tricote avec ardeur pour les soldats canadiens, mais elle pense qu'on devrait les garder au pays. Elle continue de se mettre en quatre pour recevoir les académiciens de passage, elle se pâme d'admiration pour les braves officiers aux bras en écharpe, missionnaires du droit et de la justice — à condition toutefois qu'ils soient élégants dans leurs uniformes — mais elle ne veut pas admettre que le Canada se doit de repende part à la lutte, qu'il y a va de son honneur et de son avenir. On ne dirait pas qu'elle est la fille de mon père! Ce n'est pas lui, votre vieil ami, qui se serait laissé influencer par la propagande boche si habilement camouflée qu'elle soit.

Ce simple paragraphe a certainement suffi à déprécier le roman de Marie Bonenfant auprès des anticonscriptionnistes qu'elle accusait pratiquement de relayer la propagande allemande. Un journaliste local, Gérard Ouellet, n'a pas manqué de relever ce passage. L'auteure n'a certainement pas cherché à plaire à l'élite nationaliste: naïveté ou franchise, le dernier paragraphe de son ouvrage constitue un hommage au drapeau colonial, l'*Union Jack*!

* * *

Personnage-pivot du roman, confidente des héros-amoureux, Valérie Anctil-Tessier a vraiment existé. Des anciens de Saint-Jean se souviennent de cette vieille dame qui habitait une maison construite sur le site de la demeure actuelle du docteur Fer-

Valérie Anctil-Tessier et son fils
(coll. Jean-Daniel Thériault)

nand Lizotte, ex-député-maire de Saint-Jean-Port-Joli. Ce que le roman raconte de sa vie correspond, dans l'ensemble, à la réalité.

Valérie Anctil naît à Saint-Jean-Port-Joli le 13 octobre 1843. Sa mère, Célanire Dumas, fille de Pierre Dumas et petite-nièce du curé Boissonnault, décède le 6 mai 1845, à l'âge de vingt ans et quatre mois; son père, le pilote Édouard Anctil, quitte alors Saint-Jean pour s'installer à Québec où il se remarie, en 1847, à Émélie Gervais, veuve de Michel Bluteau.

Le 23 mai 1865, Valérie Anctil épouse André-Elfrid Tessier, notaire de Québec. Les époux demeurent rue Saint-Georges et, de leur union, naissent

15

Le notaire André-Elfrid Tessier
(coll. Jean-Daniel Thériault)

deux enfants, Édouard et Éléonore. Le bonheur de
Valérie ne dure toutefois pas: son mari et sa fille
meurent au printemps 1872, lui en mars, elle au
début de mai. La jeune veuve revient alors à Saint-
Jean-Port-Joli où elle retrouve une cousine de son
mari défunt, Adélina ou Délima Bélanger, veuve de
Charles-Clovis Riverin, qui demeure à cet endroit,
depuis quelques années déjà, avec son fils Charles
alors étudiant au Collège de Sainte-Anne. Mais le
malheur la poursuit: à l'automne 1876, Édouard
Tessier décède et, cinq ans plus tard, Édouard Anctil
est aussi inhumé à Saint-Jean.

Une engagée, Alice Pelletier, puis les cousins Élie
et Régina Dumas viennent remplacer la famille

perdue. La jeune veuve se lie aussi avec les notables du village; son livre d'autographes contient les noms du curé Lagueux, du docteur Henri Simard, de l'abbé Frédéric Caron (retiré à Saint-Jean), du docteur Salluste Roy, du marchand Albert Morin et du «registrateur» Arsène Michaud. Elle reçoit la visite d'amis de Québec et notamment de la famille de J.-Isaac Lavery, protégé de madame Riverin. La veuve Tessier touche l'harmonium paroissial pendant plusieurs années, préside les Dames du Saint-Sacrement et devient, en 1903, la protectrice des sœurs de Saint-Joseph-de-Saint-Vallier.

À sa mort, Édouard Anctil avait laissé un héritage de plus de dix mille dollars constitué notamment de prêts à plusieurs pilotes domiciliés entre Québec à Rimouski. Sa fille tient méticuleusement les comptes dans un cahier noir, remplaçant les placements venus à échéance par des prêts aux cultivateurs de Saint-Jean, de Saint-Aubert et, surtout, des paroisses naissantes du haut du comté.

Valérie Anctil-Tessier décède à Saint-Jean-Port-Joli le 24 décembre 1920, à l'âge de 77 ans. Son cousin Élie Dumas hérite alors de ses biens.

* * *

Canadiennes d'hier met en scène d'autres personnages authentiques. Alice Pelletier, Élie et Régina Dumas, la couturière Clara Morneau, les sœurs Bernadette et Saint-François-d'Assise (qui faisaient partie du groupe de religieuses arrivées en 1903), Prosper Bernier (qui serait le grand-père de Laurent et Jean Bernier) et le docteur Simard (que l'auteur écrit «Simart»), toutes ces personnes ont existé à Saint-Jean-Port-Joli. Elles ont toutefois un autre commun dénominateur: elles étaient décédées, sans descendance (sauf Bernier), au moment où fut publié *Canadiennes d'hier*. De là à soupçonner que certains autres concitoyens figurent dans le roman sous des noms d'emprunt, il n'y a qu'un pas...

Le nom de Carrière n'est pas inconnu à Saint-Jean-Port-Joli. Charles Carrière y était marchand au milieu du XIXe siècle et fut porteur aux funérailles de Philippe Aubert de Gaspé. Un autre Charles Carrière fut sacristain au début de ce siècle. L'auteur les a probablement connus tous les deux mais elle ne leur a vraisemblablement rien emprunté, sauf leur nom, pour identifier, dans son roman, un personnage dont les traits correspondent souvent aux siens. En effet, la jeunesse de Jacques Carrière correspond en plusieurs points avec celle d'Arsène Michaud tandis que le même Jacques Carrière, adulte, emprunte les traits de Benjamin Michaud, frère de l'auteur.

Arsène Michaud est né à Saint-Jean-Port-Joli le 23 janvier 1844, soit, effectivement, trois mois après Valérie Anctil. Son père, Thaddée Michaud, était notaire. En septembre 1854, il entre au Collège de Sainte-Anne-de-la-Pocatière où son jeune frère Gilbert le rejoint en 1858 et où il fait la connaissance de Louis Fréchette. Il quitte Sainte-Anne en avril 1860 et termine ses études dans un autre collège pour ensuite étudier le droit à l'Université Laval. Il est fort possible qu'il ait alors fréquenté le salon de l'épouse du juge J.-François Duval, juge en chef de la cour du banc de la Reine de 1864 à 1874.

Admis au barreau le 11 septembre 1865, Arsène Michaud n'est assermenté que le 9 mai 1871. Arthur Fournier affirme, dans son *Mémorial,* qu'il perd toutes ses causes pendant dix ans. Il faut pourtant présumer qu'il gagne bien sa vie puisqu'il se marie à Sainte-Louise, le 24 août 1869, et que sa famille compte cinq enfants lorsqu'il remplace son père (décédé le 11 juin 1878) au poste de «registrateur» du comté de L'Islet le 22 mai 1878.

Arsène Michaud occupe cette fonction jusqu'à son décès, le 13 octobre 1895. *L'Électeur* fait alors son éloge en ces termes:

> Arsène Michaud fut dans sa jeunesse le camarade de Louis Fréchette, d'Henri-Thomas Taschereau, de Têtu et autres jeunes gens si brillants de cette époque. Quel malheur qu'il soit allé s'enfouir à la campagne et accepter une charge publique. C'était un homme d'une grande valeur et qui aurait pu jouer un rôle brillant.

Le père de l'auteur n'a donc jamais habité Québec sur une base permanente, comme le père de Sylvie Carrière. C'est là qu'intervient Benjamin Michaud, frère de l'auteur.

Benjamin Michaud est né à Saint-Jean-Port-Joli le 16 mars 1874. Après des études au collège de Lévis et au petit séminaire de Québec, il fait son droit à l'Université Laval. Admis au barreau en janvier 1897, il pratique le droit pendant quelques mois et devient ensuite le secrétaire particulier de son cousin, François-Gilbert-Miville Dechêne, récemment nommé ministre de l'Agriculture. De là, il passe à la fonction publique: d'abord chargé du service des routes, il devient, en 1914, le premier sous-ministre de la Voirie. Sept ans plus tard, frappé par la maladie, il prend sa retraite et décède le 29 septembre 1946. Il avait demeuré pendant plusieurs années sur la rue Sainte-Famille près des remparts. D'après l'*Action catholique*, Benjamin Michaud «passait pour un des esprits les plus cultivés du Canada français». Musicien et poète, il était l'auteur d'un livret d'opéra, *Le Rajah*, interprété avec un vif succès en 1910.

Donc, si le personnage de Jacques Carrière trouve son origine chez Arsène et Benjamin Michaud, qui est Sylvie Carrière?

Plusieurs traits de la personnalité de l'héroïne correspondent à ceux de l'auteur; son grand-père est notaire, son père, avocat, elle étudie chez les Ursulines et suit des cours de littérature, elle possède une maison d'été à Saint-Jean et s'adonne au bénévolat. Sylvie est toutefois orpheline de mère, célibataire et infirmière.

Sa sœur Hélène est un personnage fictif, même s'il est possible de trouver certaines ressemblances chez la sœur de l'auteure, Émilie, dont le mari était dans les affaires à Montréal. Son frère Thaddée résidait aussi à Montréal où il fut gérant général de la Régie des liqueurs. À Saint-Jean, il s'est fait construire une maison cossue, celle qui a longtemps appartenu aux Chamard (68, de Gaspé Ouest). Il est possible, par ailleurs, que cette Hélène ait été inspirée par les sœurs Legendre, filles de Napoléon Legendre, homme de lettres et fonctionnaire provincial. L'une avait épousé Benjamin Michaud, le frère de l'auteur, l'autre, Ferdinand Roy, qui accompagna l'écrivain René Bazin lorsque ce dernier visita la région de Montmagny en 1912 à l'occasion du Congrès de la langue française.

Quant aux familles Leclerc et Bélanger, elles sont nombreuses à Saint-Jean-Port-Joli, particulièrement à la Demi-lieue et à la Côte des chênes, à cette époque comme aujourd'hui. Les noms de Jean Leclerc, Pauline Bélanger et Daniel Robichaud cachent peut-être des personnages authentiques mais nous n'avons pas trouvé de couples correspondants dans la réalité. Certains lecteurs y reconnaîtront peut-être leurs parents ou leurs grands-parents mais il est possible que cette idylle soit tout simplement sortie de l'imagination de l'auteure.

* * *

Quelques personnages secondaires évoluent sous des noms d'emprunt qui, à l'analyse, se révèlent des variations de leur véritable identité.

Madame Rivet, l'amie de madame Tessier, est sûrement la veuve Riverin, cousine germaine d'André Tessier. Après la mort de son mari, elle vient résider à Saint-Jean (elle s'y trouve déjà en 1870) où elle acquiert la maison du pilote Verrault. Elle y demeure avec son fils Charles (décédé en 1889), sa sœur Sophie et une engagée. Elle décède en 1908, à l'âge de 78 ans. Étaient présents à ses funérailles le notaire Denis, qui achètera sa maison, le marchand Albert Morin et Joseph-Isaac Lavery, qu'elle avait pris sous sa protection à l'époque où il étudiait au Collège de Sainte-Anne et qui deviendra avocat. La belle-mère de ce Lavery, madame

Mailloux, était aussi une amie de madame Tessier et apparaît dans le roman sous le nom de Mondou.

Le personnage de Narcisse Duvallon, le voisin de madame Tessier, est probablement inspiré de Narcisse Lavallée qui était effectivement voisin, à l'est. Cordonnier, puis commerçant, Narcisse Lavallée laissera sa maison à son fils Xavier, lui aussi commerçant à Saint-Jean puis, après 1907, à Saint-Aubert. Une fille de Narcisse Lavallée s'appelait Delvina, comme la «commère» du roman.

À l'est des Lavallée vivait la famille de Joseph Pelletier, un marchand devenu maître de poste après 1897. Cette famille comptait plusieurs enfants, dont Marie-Anne, née en 1883 ou 1884. Une nièce, Odile Lessard, née vers 1875, vint habiter sous le même toit peu avant 1900. Marie Bonenfant a donc pu s'inspirer de cette famille pour créer deux personnages, madame Pellet et mademoiselle Lévrard.

Notons enfin que le boulanger Alphonse Abet s'appelait plus exactement Abel: il avait sa boulangerie au 11, chemin du Roi Est, jusqu'en 1943. Il n'y a pas eu de curé Fournier à Saint-Jean, mais un Frenette, à l'époque où le roman se déroule, et un Fleury, quand il est publié; quant au mendiant Damase Grégoire, il n'est pas né dans l'esprit de l'auteure qui connaissait probablement l'existence des frères Damase et Thaddée-Grégoire Caron, deux simples d'esprit qui moururent vers 1880: Damase, écrit Arthur Fournier, marchait en branlant de tous côtés et en sautillant sur ses jambes croches.

GASTON DESCHÊNES

Mlle Sylvie Carrière
à Mme Valérie Anctil-Tessier

Québec, 27 août 1912

Chère madame,

Nous sommes revenus depuis dix jours de notre randonnée à travers le bas-Québec* et, jusqu'ici, je n'ai pas eu le loisir de vous expliquer pourquoi j'ai manqué à ma promesse de vous rendre visite en repassant. Je voulais écrire à tête reposée et il m'a été impossible de le faire tant que ma sœur, son mari et ses enfants n'ont pas été partis pour Montréal. Comme la température était merveilleuse, la semaine dernière, et notre vieux Québec, très en beauté, nos hôtes y ont prolongé leur séjour au-delà de mes prévisions et de leur première intention. Chaque jour ils remettaient leur départ au lendemain... Je devais forcément consacrer tout mon temps à cette aimable et remuante famille, sans quoi j'aurais cru manquer à mon devoir de maîtresse de maison. Maintenant que Cathos, l'auto de mon beau-frère, a repris le chemin de la métropole,

---

* Bas-de-Québec: nom donné par les Montréalais à la région située à l'est de Québec et de Lévis.

Saint-Jean-Port-Joli vu de l'ouest entre 1903 (date de la construction du couvent) et 1917 (moment où les niches de la façade de l'église ont été bouchées). Photographie prise de la maison de Barthélémy Chouinard (42, de Gaspé Ouest).

emportant toute l'animation de notre austère demeure, au lieu de la suivre en imagination et me livrer à la mélancolie, comme il m'arrive toujours après beaucoup de mouvement, je tourne ma pensée vers vous et Saint-Jean-Port-Joli: c'est le meilleur moyen de dissiper mes idées noires. Papa a retrouvé ses revues et la tranquillité qu'il faut pour en goûter la lecture; je viens de fermer ma fenêtre, après avoir vu descendre le soleil derrière les Laurentides, car déjà le vent fraîchit, et je présente sans plus tarder mes excuses et mes bonnes raisons.

Tout d'abord, laissez-moi vous dire, chère madame, que les heures passées dans votre joli village ont été les plus agréables de tout mon voyage. Tout ce que j'ai vu chez vous m'a plu: l'église, où nous sommes arrivés justement à l'heure de la grand-messe, m'a particulièrement charmée. J'aime ces petites églises de campagne parce qu'on ne s'y perd pas et qu'on en voit distinctement l'ornementation. J'ai examiné les bois ouvragés de la vôtre d'autant plus à mon aise qu'il nous a fallu monter à la tribune de l'orgue pour trouver un endroit où s'agenouiller. Il n'était pas propice au recueillement, toutefois, et les découpures de la voûte n'ont pas été mes seules causes de distractions puisque, sans me retourner, presque sans lever les yeux, j'ai pu voir que le possesseur de cette belle voix moelleuse et profonde qui a chanté un cantique après l'élévation est un fort joli garçon. J'ai remarqué aussi que l'organiste sait accompagner et soutenir la voix sans la couvrir. Elle mérite des félicitations que j'aurais aimé lui offrir sur-le-champ.

Si j'étais demeurée plus longtemps en votre compagnie, chère madame, je vous aurais parlé de mon admiration pour notre beau fleuve; chez vous, il m'a semblé le voir avec des yeux nouveaux. J'ai passé une heure, après le dîner, en contemplation devant ce grand charmeur.

Partie à la découverte à travers le bocage qui encadre l'hôtel — pendant que mes neveux jouaient au croquet et que leurs parents, calés dans des fauteuils, somnolaient sur la véranda — j'ai dégringolé la falaise, au risque de me casser le cou, afin d'atteindre plus vite un sentier délicieux, bordé de thuyas chauffés au soleil, qui semblait y conduire directement. Ils embaumaient, ces thuyas, mais ils m'empêchaient de le voir. Je l'ai bientôt aperçu, cependant, dans une éclaircie: ruisselant de lumière, aveuglant, splendide. J'ai abandonné le sentier ombragé et sauté de roche en roche jusqu'à une petite anse de sable, meublée d'une énorme pierre en forme de fauteuil, où je me suis installée pour jouir de ce premier moment de solitude au pays de mes aïeux. Tout m'a paru familier; non seulement le Saint-Laurent et les Laurentides qui viennent de loin et sont de vieilles connaissances, mais encore la grève de Saint-Jean-Port-Joli, ses rochers roux, ses petites anses, ses galets que je voyais pourtant pour la première fois. La pointe de la Rivière-Ouelle qui paraît enjamber le fleuve et ferme l'horizon à l'est, le Pilier, l'île aux Coudres, m'ont été signalés par un gamin qui, à quelque distance, s'amusait à faire des ricochets en sifflant éperdument et s'est approché à point pour me les nommer; mais il me semblait les avoir toujours connus!

Je n'ai pas demandé le nom du petit siffleur aux yeux brillants qui m'a fait les honneurs de votre «bas-de-la-côte», je l'ai pris pour le génie du lieu. Il m'a dit: «Venez par ici, Mam'zelle, regardez la belle chaloupe à M. Legros, là sur le sable, c'est lui qui l'a faite... tout seul, vous savez; il pourrait aller avec jusqu'en Angleterre, s'il voulait.» Il m'a initiée aux mystères de la pêche à l'anguille, expliqué comment il faut tendre les claies* et placer les coffres, qu'il me montrait du doigt, pour prendre beaucoup de pois-

---

* Claies: treillage en bois servant à diriger les anguilles vers les nasses («coffres») où elles demeurent emprisonnées.

Élisa Michaud, auteure de *Canadiennes d'hier*, et son frère, Benjamin, dans un des sentiers de tuf qui donnent accès à la grève au nord de la maison de madame Tessier.

son. Puis, il s'est retourné et m'a fait remarquer, aux pentes de la falaise, l'heureux contraste des minces bouleaux aux troncs blancs et veloutés, au léger feuillage vert pâle, avec les tilleuls aux larges feuilles sombres qui les avoisinent. Il a attiré mon attention sur les tentations de gourmandise offertes par les groseilliers sauvages, les framboisiers et les noisetiers. Il m'a désigné, d'un geste sinueux, les étroits sentiers rouges taillés dans le tuf, puis il m'a menée voir au pied de l'un d'eux — celui-là même qu'on peut gravir le plus facilement et qui conduit presque directement à votre verger — une petite source cachée dans les fougères, qui détache sa note haute sur le puissant chuchotement du grand fleuve.

J'ai quitté à regret le petit homme et son merveilleux domaine, le moment venu de me présenter chez vous. Je ne savais pas alors qu'un plus grand plaisir m'y attendait. J'allais vous rendre visite un peu par devoir, pour me conformer au désir de mon père, qui m'avait fait promettre au moment du départ — puisque nous devions passer par Saint-Jean-Port-Joli — d'aller le rappeler au souvenir de son aimable amie madame Tessier.

Vous aviez connu mes grands-parents, mes tantes, toutes les anciennes relations de notre famille... Comme vous m'avez parlé d'eux, chère madame, et avec quelle émotion! Comme ils sont sympathiques, présentés par vous! Étaient-ils vraiment ainsi, ou votre amitié embellissait-elle ces êtres chers que, moi, je n'ai pas connus?

J'aurais préféré causer avec vous seule et vous demander quelques éclaircissements, mais la dame nerveuse qui était en visite chez vous n'entendait pas céder son tour de parole et mon beau-frère, après avoir flâné deux heures, était pressé de se remettre en route. Toute la famille m'attendait plus ou moins patiemment dans la voiture.

Si, au moins, nous avions pu nous arrêter en revenant comme nous nous l'étions proposé. J'aurais voulu vous présenter ma sœur, ses deux fils, et son mari, qui vaut aussi la peine d'être vu. C'est le parfait modèle du businessman moderne: un peu trop sûr de soi peut-être, mais très gentil.

Une vulgaire panne d'auto a dérangé tous nos calculs. Après ce contretemps, on a filé à grande allure sans parvenir à rattraper le temps perdu. L'angélus sonnait quand nous sommes passés à votre porte, et mon beau-frère avait un rendez-vous d'affaires dans la soirée même, à Québec.

Voilà comment j'ai été privée de faire plus ample connaissance avec vous, chère madame. En tout cas, ce n'est qu'une partie remise. J'espère trouver bientôt l'occasion de vous revoir ainsi que votre beau pays.

Je commence à être confuse de la longueur de ma lettre. Je vous devais des explications qui auraient dû couvrir quatre pages tout au plus, et voilà que je vous impose un bavardage de huit pages. Soyez indulgente; je suis souvent seule... souvent triste; vous avez connu les miens, vous m'avez parlé d'eux avec un accent qui m'a touchée. C'est votre faute si, dans les courts instants que nous avons passés ensemble, vous avez su trouver les mots qu'il fallait pour inspirer le désir de s'épancher.

Je vous prie d'agréer, chère madame, avec mes excuses réitérées, l'expression de mes sentiments respectueux.

Sylvie Carrière

Madame Tessier
à Mlle Sylvie Carrière

Saint-Jean-Port-Joli, 7 septembre 1912

Votre Cathos, chère mademoiselle, m'avait presque réconciliée avec les autos. J'étais reconnaissante à toutes celles de son espèce de la charmante surprise qu'elle m'avait apportée. Depuis que je suis instruite de sa mauvaise conduite, j'en veux à toutes les autres de la déception dont elle est la cause. Pourtant je devrais être contente de pouvoir en rejeter sur elle la responsabilité. Avant de recevoir votre lettre, je ne m'en prenais qu'à moi de ce manquement à votre promesse. Je craignais d'avoir été impolie. Je me reprochais d'avoir eu trop d'amour-propre pour avouer tout de suite mes infirmités: ma demi-surdité et mes rhumatismes qui me tiennent assise dans ma bergère, les pieds posés sur un tabouret, quand je devrais me lever pour accueillir mes visiteurs. Que d'autres reproches ne me suis-je pas faits, en faction auprès de la fenêtre de ma grande salle, ce jeudi que j'attendais votre visite avec tant d'impatience! Il me semblait que j'aurais en plus de présence d'esprit, ce jour-là, ayant eu le temps de me ressaisir un peu. Depuis que j'ai reçu votre si charmante lettre, je partage presque la bonne opinion que vous avez de moi et je vous en suis reconnaissante.

Petite fille, votre apparition m'avait bouleversée. J'aurais été moins troublée, je crois, de voir arriver

Une bénédiction d'automobiles
à Saint-Jean-Port-Joli le 8 août 1917.

devant ma porte la berline* de votre grand-père
attelée de Suzette, sa grande jument rousse, que de
vous voir descendre de cette voiture moderne, en
évocatrice du passé. Vous avez réveillé en moi une
foule de souvenirs engourdis dans le coin le plus
secret de mon cœur; quelques-uns vieux de soixante
ans, d'autres moins anciens de moitié mais également chers. Et je vous avais reconnue sur le coup, à
votre air de famille, avant d'entendre votre nom.
Comme vous ressemblez à ces chers amis d'autrefois! Vous avez les beaux cheveux noirs et la taille
élancée de votre mère; mais les yeux lumineux, le
petit nez légèrement retroussé, le teint nacré rappellent votre tante Amélie; et le sourire de votre

_____
* Berline: voiture d'hiver, basse, sur patins.

31

Valérie Anctil-Tessier et son cousin, Élie Dumas

père, le beau Jacques Carrière, qui le rendait si séduisant, mais si dangereux aussi, il faut bien l'avouer, il trône dans toute sa gloire sur votre petite bouche.

Comme vous avez été gentille de venir me voir et combien je déplore ce malencontreux accident qui m'a privée de votre seconde visite! J'espère de tout mon cœur que vous n'en resterez pas là. Le premier pas est fait vers le pays de votre famille; il est même étonnant que vous n'ayez pas songé à le faire avant cette année; il faut vous repiquer bien vite en pleine terre, petite déracinée. Voyez comme, déjà, vous

vous sentez chez vous dans notre cher Saint-Jean. Vous aimez notre modeste église et vous avez trouvé, seule, le sentier tortueux et à pic qui mène au «chemin des amoureux», belle jeunesse! Notre falaise, vous l'avez découverte, mais elle vous a conquise. Vous ne vous doutiez pas que vous étiez de Saint-Jean-Port-Joli à ce point, de ce bon «bas-de-Québec» si dédaigné de ceux qui ne sont pas assez bien doués pour en sentir le charme... et puis, vous avez l'accent qui nous distingue, le léger grasseyement qui nous fait paraître plus Français que les Canadiens français des autres régions du pays.

Vous n'avez pas à vous excuser d'écrire longuement, vous voyez que je suis votre exemple avec enthousiasme. J'ai, moi aussi, un petit coin bien tranquille où je m'installe, comme vous dans votre chambre: porte fermée, cœur ouvert. Seulement, vous êtes jeune, vous marchez sans canne, vous ne pesez pas 190 livres, vous n'êtes pas obligée de vous appuyer aux murs et aux meubles pour faire péniblement quelques pas. Je vous sais gré d'avoir consenti à vous immobiliser toute une soirée pour faire plaisir à une vieille campagnarde que vous connaissez à peine: c'est l'indice d'un charmant caractère. Il eut été si commode et si expéditif de griffonner au verso d'une carte postale illustrée quelques mots d'excuses banales: Regrette infiniment... retard imprévu... panne... bon souvenir... Sylvie Carrière; et il aurait bien fallu que la veuve Tessier s'en contente. Elle aurait probablement dit en soupirant: C'est la manière moderne, tout marche par l'électricité en ce pauvre siècle du cinéma. Au lieu de cela, vous me faites part de vos impressions, vous avouez un penchant à la mélancolie, vous faites appel à ma sympathie. Elle vous est toute acquise, chère enfant, et votre confiance m'enhardit à vous demander quelque chose. Dites-moi donc de quelle arrière-grand-mère ou de quelle parente inconnue de moi tenez-vous ce petit nom charmant et bien français de Sylvie? Il est rare au Canada... Comment se fait-il que vous paraissiez avoir dix-huit ans quand, d'après mes calculs, vous devriez dépasser trente ans? Puisque j'ose vous poser ces questions si directes, j'aurai de l'audace jusqu'au bout de ma curiosité. Pourquoi, petite fille, votre pensée s'envole-t-elle habituellement vers Montréal, précisément au moment où, de votre fenêtre, vous regardez descendre le soleil derrière les Laurentides; quand vous devez avoir sous les yeux la courbe harmonieuse de la côte de Beaupré, peut-être même la chute Montmorency et l'île d'Orléans; quand, en tournant la tête vous pourriez presque voir lever la lune sur les hauteurs de Lévis? Est-ce pour admirer davantage votre ville par comparaison, ou est-ce pour regretter l'autre? Avez-vous un amoureux dans cette grande ville bruyante et cosmopolite, ou est-ce seulement votre sœur et ses enfants que vous y suivez en imagination?

Vous n'êtes pas obligée de satisfaire ma curiosité, ne le faites que si le cœur vous en dit; mais pour vous y inciter et comme gage de ma discrétion, je vais vous faire une confidence qui, je le crois, vous fera sourire: votre père a été mon premier cavalier. Il ne s'en souvient probablement pas, l'ingrat, les hommes oublient vite ces choses-là, mais les femmes gardent toujours en quelque recoin du cœur le souvenir de leur premier amour.

N'allez pas croire au moins que j'ai du vague à l'âme; il y a belle lurette que j'en ai passé l'âge. Il n'y a plus de place en moi que pour des sentiments de tout repos. Cependant, je ne suis pas tout à fait remise de l'émotion que m'a causée votre visite et, pour reprendre mon assiette*, il me faut en parler avec quelqu'un qui me comprenne. Ce n'est pas madame Rivet (cette dame que vous avez vue chez moi) que je pourrais prendre pour confidente: sa jalousie est déjà suffisamment éveillée. C'est une bonne amie dont j'apprécie les grandes qualités, mais à qui je ne conte pas grand-chose de mes affaires. Sa vieille amitié a des exigences de jeune amour; elle est fidèle et généreuse mais terriblement exclusive. Vous avez vu qu'elle est affligée d'un tic, une contraction des mâchoires qui pousse le menton en avant, fait cligner les yeux et craquer les muscles du cou. Ce que vous avez pris pour une insistance indiscrète est une manie qui provient en partie de ce mouvement nerveux de la tête. Elle dit toujours trois fois les mots qu'elle veut accentuer, en tiquant** du menton sans retenue. Je vous citerai en exemple la sortie qu'elle m'a faite quelques minutes après votre départ:

«Comme de raison, les Carrière, les Carrière, les Carrière ont toujours eu la première place dans

---

* Reprendre son assiette: retrouver son aplomb, ses esprits.
** Tiquant: avoir un tic.

Élie et Régina Dumas, chez leur cousine. Élie Dumas est né le 15 juin 1865 du premier mariage d'Eugène Dumas. Dernier chef de gare de nuit, il a pris sa retraite en 1921. Il est décédé le 21 novembre 1933. Sa sœur Régina est née du deuxième mariage, le 12 mai 1877, et décédée le 8 avril 1936.

votre cœur, votre cœur, votre cœur. Ils vous ont négligée pendant trente ans, mais dès qu'ils daignent se remontrer, vous leur tendez les bras, les bras, les bras et vos amis de tous les jours sont négligés, négligés, négligés. On va souvent se coucher sans penser à regarder les étoiles, mais on se lève à trois heures du matin pour voir passer une comète, une comète, une comète!»

Que pensez-vous de cette façon d'intensifier les reproches, chère belle comète?

Née le 14 octobre 1862, Alice Pelletier fut la fille «engagée»
de madame Valérie Anctil-Tessier pendant près de 40 ans.
Elle est décédée le 13 mai 1939.

Afin de ne pas m'exposer, d'ici quelque temps, à
ce genre d'aménité, je n'ai pas dit à mon exigeante
amie que j'ai reçu de vous une si aimable lettre et
encore moins que je passerais à vous écrire tout un
après-midi que j'avais promis de lui consacrer.

J'ai beaucoup regretté que mon cousin Élie
Dumas, sa sœur Régina et mon Alice aient été
absents quand vous êtes venue. J'aurais aimé vous les
présenter et aussi qu'ils m'aident à vous faire connaître notre Saint-Jean. Ma Régina vous aurait conduite chez nos voisins d'en face et madame Caron se

serait fait un plaisir de vous laisser voir l'intérieur de la maison de vos grands-parents. Il y a dans le salon quelques restes de l'ancien ameublement: une table, un grand canapé, le piano carré, ainsi que le tapis à ramages* et le papier-tenture posé par votre grand-mère il y a plus de quarante ans, ce papier que votre grand-père trouvait si laid (vieil or et café au lait) et qui revient à la mode de nos jours. Il est merveilleusement conservé grâce à cette mauvaise habitude qu'ont les bonnes gens de la campagne, sauf exception, de ne pas enlever les doubles fenêtres en été et de tenir bien closes les persiennes de la pièce de réception, pour la garder fraîche. Oui, fraîche... et humide en même temps. Le pauvre grand piano a souffert de ces précautions de ménagère mal inspirée, il a la voix enrouée et la touche dure. Malgré cela, vous auriez peut-être aimé promener sur son clavier vos petites mains si pareilles à celles de votre tante Amélie. Ensuite, on vous aurait fait remarquer les érables, plantés par votre grand-père, qui font à mon parterre un si beau champ de verdure. Votre beau-frère vous aurait attendue patiemment ou se serait décidé à vous accompagner avec votre sœur et les enfants. Vous auriez sans doute pensé à demander qu'on vous indique l'endroit où reposent ceux de votre famille, de génération en génération; vous auriez vu notre cimetière qu'on n'aperçoit pas de la route. Il est caché par le presbytère et les maisons qui entourent la place de l'église, dans un creux

---

* Ramages: dessins représentant des rameaux, des fleurs, etc., sur une étoffe.

Le couvent, le presbytère et l'église de Saint-Jean-Port-Joli, vus du quai, entre 1903 et 1917. À droite, une partie du vieux cimetière.

de terrain, tout au bord du fleuve. Chez nous, notre dernier sommeil est bercé par le bruit des vagues.

Ma Régina m'a priée de vous dire combien elle est flattée de votre appréciation de notre musique d'église. Il lui revient une part de vos éloges puisque la partie instrumentale lui est confiée. Elle ne veut pas qu'on dise qu'elle est organiste et maître de chapelle, ce sont de trop grands noms pour les modestes fonctions qu'elle remplit. Cependant, comme elle s'y applique de tout son cœur, il y paraît.

Les exercices de chant ne sont pas assez fréquents, ni aussi suivis qu'il le faudrait. Le chœur traîne et la prononciation nouvelle du latin laisse à désirer. En compensation, nous avons deux bons solistes: Joseph Frenette et Jean Leclerc. Ce dernier,

Le presbytère de Saint-Jean-Port-Joli au début du siècle.

surtout, joint à une belle voix de baryton un sens musical très juste et il est de plus — ce qui ne gâte rien — un fort joli garçon. C'est, d'ailleurs, la moindre de ses qualités... En voilà assez pour aujourd'hui; j'ai peur de vous avoir fatiguée plutôt qu'intéressée.

Pardonnez à mon vieil âge et à ma grande amitié, chère mademoiselle, ce débordement de questions indiscrètes, de détails sans importance, de sentiments et de souvenirs. Mon esprit aurait voulu le contenir, mon cœur voulait tout dire à la fois.

Valérie A. Tessier

Mlle Sylvie Carrière
à Mme Tessier

Québec, 20 septembre 1912

Chère madame,
Merci de votre aimable lettre; elle est bien telle que je la souhaitais. Quelle délicieuse confidente vous allez faire! À vous je dirai tout sans crainte. Vous connaîtrez mes défauts, c'est vrai, mais j'oserai parler de ma tristesse et de mes ennuis pour que vous m'en prescriviez le remède. C'en est un excellent, déjà, de savoir que ma petite personne peut vous paraître intéressante.

Chère madame, j'ai 22 ans, pas 18, mais pas 32 non plus, Dieu merci! Vous avez dû voir, chez mes grands-parents, ma sœur Geneviève, morte à 8 ans, et vous me prenez pour elle.

En 1889, mes parents firent un séjour de quelques mois à Paris, à l'occasion de l'Exposition universelle. Pendant la traversée, maman s'était liée d'amitié avec une jeune Française qui venait d'épouser un médecin de Québec, le docteur G. Elle a continué de la voir, après son retour, et lorsque je naquis — exactement, le 15 mars 1890 — madame G. accepta d'être ma marraine et me donna au baptême ce joli prénom de Sylvie (c'est vous qui l'avez dit) qui était le sien et dont je suis assez satisfaite.

J'ai été un bébé pas trop gâté malgré les circonstances extraordinaires qui me faisaient entrer en ce monde dix ans après la dernière de la famille; puis une petite fille pas trop sage que sa bonne

41

conduisait, les jours de classe, aux Ursulines dès le matin, et que son papa ramenait le soir, quand il revenait de son bureau, en passant invariablement par les mêmes rues. Tous les jours, à la même heure, je voyais la mitre de Mgr de Laval pointer ses cornes de bronze vers le ciel et les vieux canons encloués, pris à Sébastopol, monter la garde non loin de la demeure de mes parents.

J'avais dix ans lorsque je perdis ma mère. Sa longue maladie m'en avait tenue assez éloignée; je me souviens à peine d'elle maintenant. Mais j'eus alors l'impression très vive de la place qu'elle tenait dans notre vie par la désolation qui tomba sur notre maison lorsqu'elle l'eut quittée pour toujours. Il me sembla que j'avais aussi perdu mon père tant il changea, du jour au lendemain. Le beau Jacques Carrière (comme vous dites, chère madame) devint, en l'espace de quelques heures, un vieillard. À l'âge que j'avais, je ne pouvais lui être d'aucune consolation. Ma sœur Hélène (Me Gustave Berti, que vous avez failli connaître, il y a un mois), mariée depuis quatre ans, passa chez nous, avec ses deux enfants, les trois semaines qui suivirent immédiatement notre malheur. Puis elle parvint à décider mon père de l'accompagner, avec moi, à Montréal d'abord, ensuite à Valois où mon beau-frère possède une spacieuse villa sur le lac Saint-Louis.

Quand, septembre venu, on eut décidé en conseil de famille de me mettre en pension chez les dames de la Congrégation Notre-Dame, à la «Villa-Maria», papa reprit seul le chemin de son vieux Québec et rentra dans sa maison des remparts avec la satisfaction de pouvoir du moins être malheureux à sa guise, à l'abri des prévenances et des attentions qui, je crois, l'agaçaient un peu.

Notre vieille bonne, notre fidèle Cati, l'y attendait. Vous la rappelez-vous, chère madame, Catherine Desrosiers? Elle est de Saint-Jean-Port-Joli, elle aussi. Toute jeune, elle a été en service chez mes grands-parents et ne nous a pas quittés depuis le mariage de mon père. Grande, forte, très brune, moustachue, rustique, propre et probe, elle fait chez nous, depuis douze ans, la pluie et le beau temps. Entendez qu'elle tient le ménage et fait la cuisine à sa façon, qui en vaut bien une autre d'ailleurs et... il ne fait pas bon la contrarier. Mais je ne veux pas critiquer ma vieille Cati, ce serait de l'ingratitude. Elle est à part des autres et d'une espèce qui tend malheureusement à disparaître.

Moi, j'ai grandi, tout simplement, éduquée dans les bons principes par les bonnes sœurs de la Congrégation. Ma sœur Hélène veillait à ce que ma tenue soit toujours irréprochable. Elle venait me voir tous les dimanches, quelquefois le jeudi et m'apportait, sans y manquer, des petits fours et des chocolats. J'allais, avec elle, son mari et ses enfants, pour les vacances de Noël, à Québec; celles d'été, je les passais avec eux à Valois et papa nous y rejoignait quand venait le mois d'août. C'est ainsi que je suis arrivée à mes 16 ans, heureusement et banalement, sans autres incidents dans ma vie qu'une distribution de prix ou quelque visite de «Monseigneur» qui me valait un grand congé. Ce jour-là, Hélène m'envoyait chercher, dès le matin, s'ingéniait à me faire passer la journée agréablement et, le soir, je rentrais à mon couvent, reconduite par mon beau-frère ou son cocher, en voiture à deux chevaux.

J'aurais été bien ingrate, n'est-ce pas? si j'avais insisté, le premier brevet obtenu, pour retourner habiter Québec avec papa. Je l'aimais, mais il ne tenait pas la première place dans ma pensée, et je n'aimais pas beaucoup lui écrire «souvent et longuement» comme on me le recommandait à la «leçon de politesse». Il ne m'y encourageait guère d'ailleurs. Ma sœur lui donnait de mes nouvelles — il entretenait avec elle une correspondance presque régulière —, il savait qu'elle me lisait, quand elle venait au parloir, les parties de ses lettres qui me concernaient et, pour l'acquit de sa conscience, il m'écrivait quelques mots affectueux à Pâques ou à la Trinité; son effort épistolaire s'arrêtait là. C'est évidemment de lui que je tiens mon aversion pour l'écriture d'obligation. Ma plume est comme les enfants, elle aime courir, mais à sa fantaisie; par devoir, elle est tout de suite fatiguée.

Ne pensez pas, chère madame, que je vais vous mettre au courant de ma longue carrière en une seule fois. Vous verrez la suite au prochain numéro et j'espère que l'intérêt ira grandissant.

D'ailleurs, je ne dois pas me livrer toute sans rien exiger en retour. C'est entendu, n'est-ce pas, que je suis la discrétion même. Votre joli secret tout parfumé de jeunesse et d'innocence, il est en sûreté; mais vous ne m'avez pas défendu de lire à papa quelques passages de votre lettre, c'est ce que j'ai fait après l'avoir parcourue une première fois. L'ingrat ne l'est pas autant que vous le croyez: il se souvient, chère madame. Si vous aviez vu le beau sourire rajeuni qu'il avait en écoutant ma lecture, peut-être y aurait-il eu place dans votre cœur — au moins pendant quelques instants — pour tout autre chose qu'un sentiment de tout repos. C'est la première fois, depuis mon retour à la maison, qu'un sujet de conversation nous intéresse l'un et l'autre. Il est bien québécois, ce pauvre père, et moi j'étais presque montréalaise avant d'opter définitivement pour Saint-Jean-Port-Joli. Le soir, quand il rentrait de son bureau, après son petit tour rituel sur la Terrasse, il m'embrassait et s'informait de ma santé; je m'enquérais de la sienne; nous nous mettions à table et mutuellement au courant des incidents de la journée.

— «Tiens, je viens de rencontrer Thomas C. qui se rendait à l'Université; ou bien: J'ai fait un bout de conduite au juge R. qui sortait de la Basilique»...

Comme sa conversation n'était pas plus intéressante pour lui et le serait encore moins pour vous, je ne vous en rapporte pas d'échantillon. Le repas fini, papa se plongeait dans la lecture de ses journaux... et, «bonsoir, fillette», la vie de famille était suspendue jusqu'au lendemain soir.

Grâce à vous, chère madame, ce régime a pris fin: il était temps! Vous rendez une fille à son père, comme on dit dans les tragédies classiques. Vive la «veuve Tessier», vive Saint-Jean-Port-Joli! Parlez-moi de ce qu'on y fait. Contez-nous des histoires du temps passé et votre propre histoire...

Délima (ou Adélina), Bélanger, veuve de Charles Riverin, sa sœur,
Sophie, et sa petite-fille, Blanche Riverin. Madame Riverin décède
à Saint-Jean le 20 juillet 1908, âgée de 78 ans. Blanche était
orpheline depuis le décès de son père, Charles-Alphonse,
à Sainte-Marie-de-Beauce, en 1889. En 1909, elle épouse Hugues
Fortier, un avocat de Sainte-Marie-de-Beauce qui sera ensuite
député et juge. D'après l'abbé Jean-Julien Verreault, Blanche
était la plus belle fille du village.

Puisqu'il n'est plus de vrais amours,
Dites-nous ceux des anciens jours

soupire une vieille chanson française que vous connaissez, que vous avez peut-être chantée; je m'au-
torise d'elle pour vous en prier. Surtout, expliquez-
moi comment il se fait que votre idylle avec mon

Valérie Anctil-Tessier et une amie de Québec, Joséphine Dubeau,
épouse de J.-Amédée Mailloux.

père ait abouti à deux mariages au lieu d'un, et chacun de son côté.

Papa trouve madame Rivet un peu rosse* mais
bien amusante. Il se souvient de ses tics et de ses
manies, de sa perruque et de son bonnet de tulle
surmonté d'une aigrette cliquetante; de sa conversation spirituelle mais redondante. Pour qu'il se rappelle si bien certains détails de sa mise, il faut, tout
de même, qu'il l'ait vue depuis trente ans. Il me dit
que nous n'avons pas besoin de nous disculper de

_____

* Rosse: sévère.

47

ses accusations d'ingratitude, auprès de vous, notre fidèle amie. Vous savez très bien qu'à la mort de grand-maman, il a été impossible à mon père de conserver la grande propriété de sa famille et qu'il a été obligé de la vendre pour donner à son frère et à ses sœurs leur part de la succession. Vous savez mieux que personne avec quel chagrin il s'y est résolu, puisque vous êtes toujours arrivée la première quand vos amis ont eu besoin de réconfort. Et puis, chère madame, dans les années qui ont suivi ce grand sacrifice, si papa n'est pas allé souvent à Saint-Jean-Port-Joli, il ne vous a, quand même, pas négligée tout à fait. Il me dit que, jusqu'à la dernière maladie et la mort de maman, il ne manquait pas d'aller, avec elle, vous rendre visite quand vous veniez à Québec chez votre amie, Mme Mondou, et qu'ils ont eu quelquefois le plaisir de vous recevoir chez eux.

C'est depuis que votre santé ne vous permet plus les déplacements et depuis son veuvage que vous vous êtes perdus de vue. Si, tout compte fait, il y a eu négligence de notre part, nous voulons réparer et reprendre le temps perdu.

Pour commencer, nous avons formé le projet d'aller passer quelques semaines à Saint-Jean, l'été prochain. Pour papa, c'est comme s'il y était déjà: «À mon âge, le temps passe si vite» a-t-il dit. Oui, mais au mien, il traîne un peu trop, le temps. Je crains de ne pas avoir la patience d'attendre dix longs mois le plaisir de vous revoir.

Je voudrais être votre cousine, chère madame, et l'organiste de Saint-Jean-Port-Joli. Mademoiselle

Chez madame Tessier vers 1904: la fille de madame Mailloux, Paméla, épouse de l'avocat J.-Isaac Lavery, et sa fille Jeanne Lavery. Joseph-Isaac Lavery est né à Saint-Jean-Port-Joli le 29 novembre 1849. Il a étudié au Collège de Sainte-Anne où il était le protégé de madame Riverin et le compagnon de son fils Charles. L'avocat Lavery avait deux filles: Jeanne, qui épouse Albert Sévigny, futur ministre et juge, en juin 1908 et Blanche qui épouse le notaire Joseph Sirois en 1910. Le père de Joseph-Isaac Lavery, Isaac, était d'origine irlandaise. Il est arrivé au Québec en 1832 et ses parents sont décédés du choléra peu après leur arrivée. Adopté par la famille d'Édouard Caron, Isaac s'est établi à Saint-Jean. En 1909, il était rentier et demeurait tout près de chez madame Tessier.

Régina a bien du goût, mais il semble que j'en aurais, à sa place. Si jamais elle a besoin d'une remplaçante, dites-lui bien que je me tiens à sa disposition. Peut-être ne voudrait-elle pas me confier le soin d'accompagner le chant de certain beau jeune homme à la voix ensorcelante? Je me figure qu'il doit y avoir un petit roman entre ces deux musiciens: pour que l'accord soit parfait à ce point, il faut que les cœurs battent à l'unisson.

Moi aussi, je regrette de n'avoir pas fait connaissance avec votre maisonnée. Et dire qu'il aurait suffi d'un peu de complaisance de la part de mon beau-frère pour que, malgré notre malencontreux accident, nous ayons pu passer une petite heure en votre compagnie. La prochaine fois que j'irai à Saint-Jean, ce sera seule: c'est décidé!

En attendant que j'en aie trouvé le prétexte, ayez pitié de moi, de nous, pauvres déracinés! Écrivez-moi, chère madame, racontez-vous et soyez assurée de la vive gratitude de votre vieil ami Jacques ainsi que de votre nouvelle amie

Sylvie

Mme Tessier
à Mlle Sylvie Carrière

Saint-Jean-Port-Joli, 25 septembre 1912

Chère fille de mon cœur — j'en suis déjà là, que les appellations cérémonieuses n'expriment plus du tout ce que j'éprouve pour vous —, je vous écris aujourd'hui pour accuser réception de votre lettre, vous assurer de l'intérêt que je prends à ce que vous me racontez, vous engager à continuer et vous dire

Dans le jardin de madame Tessier: de gauche à droite, assis, Benjamin Michaud et sa sœur Élisa, auteure de *Canadiennes d'hier;* derrière, leur mère, Emma Casgrain, et deux personnes non identifiées. Née en 1841, Emma Casgrain était la fille de Pierre-Thomas Casgrain, seigneur de Rivière-Ouelle. En 1869, elle épouse Arsène Michaud, à Sainte-Louise où son frère était curé.

pourquoi je ne peux pas entrer tout de suite dans le mouvement et vous ouvrir, cette semaine encore, les tiroirs secrets de mes souvenirs. Malheureusement, mes actions sont toutes subordonnées à l'état de ma santé. Il me faut suivre un régime assez sévère, et, si j'étais tentée d'y manquer, les bonnes gens qui m'entourent de soins me rappelleraient vite à mes obligations. Or, comme la température a été très douce, dernièrement, je n'ai pas eu la permission de rester longtemps à la fois dans la maison. Chaque jour on m'a dit: «Gros'maman, il fait beau aujourd'hui encore, profitez-en, venez au jardin avec nous.» On me coiffe d'un grand chapeau de paille, je noue autour de mon cou un mouchoir rouge plié en pointe, Alice porte mon pliant* et mes sabots de jardin, Régina me met la canne à la main et me donne le bras jusqu'à l'endroit où je dois m'asseoir. Je passe ainsi presque toutes mes journées au grand air, à regarder mes filles arracher les oignons et les pieds de haricots, cueillir les prunes et les groseilles, empoter les géraniums et planter les oignons de lis.

Je chauffe mon vieux dos et mes vieux genoux au soleil. Je ne me rassasie pas de respirer le bon air, d'admirer tout ce qui m'entoure. Le jardin sent bon la verveine et le réséda; les feuilles, encore toutes veinées de vert, tombent lentement, par devoir, parce que c'en est la saison et non parce que la température les y force. Hier, le ciel était gris perle. Sur ce fond si doux à l'œil se dessinait le velours mauve des montagnes. Sur les chaumes blonds, le vert foncé des petits bois d'épinettes se détachait plus nettement et, tout près de moi, le jaune des feuilles de bouleaux contrastait vivement avec le rouge des feuilles d'érables. Le soleil qu'on ne voyait nulle part mettait partout des reflets, fondait ces oppositions dans une harmonie divine. Je m'écriais à tout instant: Mon Dieu, que vous êtes grand! mon Dieu, que vous faites de belles choses! J'appelais Alice ou Régina pour leur faire part de mon ravisse-

---

* Pliant: siège qui se plie.

52

ment. Comme je les dérangeais de leurs occupations, elles ont fini par me donner à entendre que je ferais mieux de modérer un peu mon exaltation, afin de ménager ma santé.

Tous les vieux du village — Dieu sait s'ils sont nombreux — profitent du beau temps pour se promener avant de se «gabionner*» pour l'hiver. Quoique j'aie l'oreille dure, j'entends le bruit de leurs bâtons ferrés sur le béton du trottoir et j'entends à peu près, ou je devine, les civilités qu'ils me disent en passant. Hier, Prosper Bernier m'a tiré son bonnet à mèche** (il est le dernier de la paroisse et peut-être du Canada à y être fidèle) et s'est accoudé à la barrière. Il a toujours été remarquable par son bagout — c'est probablement à cause de cela qu'il se dit «descendant de Jean de Paris***» —. Votre père doit se souvenir de lui, mais il aurait peine à le reconnaître maintenant. Tout noueux, tout cassé, sec comme nordet, il a une vraie tête de cactus: du poil frisé plein le nez et les oreilles, une barbe touffue qui monte jusqu'à ses yeux déteints. De longs cheveux, pas assez clairsemés pour être soyeux, cachent les rides profondes de son front et rejoignent la barbe, sur les tempes. Par contre, au bord des yeux: pas un poil de sourcil, pas un cil. De petites larmes rondes profitent de l'éclaircie pour

---

* Se gabionner: (de gabion, abri de chasse) s'habiller chaudement, s'emmitoufler.
** Bonnet à mèche: bonnet de laine tricoté en forme de cône et terminé par un gland au bout d'un cordon, d'où le nom de mèche.
*** Jean de Paris: surnom de l'ancêtre des Bernier au Québec, Jacques Bernier.

sauter dehors et filer le long du nez pointu, pelé, auquel la pomme d'Adam ressemble comme une sœur. Le bonhomme n'a plus de dents, mais il a encore la langue bien pendue. D'une voix aiguë, qui m'entrait dans les oreilles comme une vrille, il a fait la causette:

«Beau temps, mame Tessier, vraiment beau! on en profite pour sortir pendant qu'on est encore de ce monde... On vieillit... on vieillit... j'ai pris 92 à la Saint-Michel, oui! quoique ça, j'ai encore l'œil à la mignonnette et le pied poudreux*... Vous êtes pas jeune, vous non plus, soit dit sans vous offenser...» La conversation, ou plutôt son monologue, menaçait de durer; heureusement, Régina est venue à mon secours en lui offrant quelques belles prunes blanches (c'est-à-dire jaunes d'un côté, roses de l'autre) qu'elle venait justement de cueillir.

Comme mon Élie doit aller à Québec, aujourd'hui même, faire quelques achats, on cueillera, cinq minutes avant son départ, les plus belles qui restent aux pruniers, et mon vieux garçon vous les portera, toutes chaudes encore du beau soleil de Saint-Jean.

Au prochain jour de pluie, je continuerai de vous écrire. Je relis votre lettre et j'attends que vous ayez terminé votre petite histoire pour vous offrir ces consolations et ces conseils que vous m'avez demandés si gentiment. Jusqu'à présent, il me semble que

---

* Avoir l'œil à la mignonnette et le pied poudreux: s'intéresser aux jeunes femmes.

vous n'avez besoin ni des unes ni des autres, mais attendons la fin.

Je vous embrasse, ma chère Sylvie, et je tends cordialement la main à M. Jacques Carrière.

V.A. Tessier

❦

Mlle Sylvie Carrière
à Mme Tessier

Québec, 27 septembre 1912

Chère madame,

Elles fondaient dans la bouche, ou plutôt, elles nous ont fondu dans la bouche, car nous avons fini de les manger. Comment assez vous remercier de vos délicieuses reines-Claude, mûres à point, déposées avec tout leur duvet sur un lit de feuilles d'érables; offertes par votre lettre avec la bonne odeur de votre jardin et la poésie d'un beau jour d'automne à la campagne; et pas envoyées par la poste, apportées avec précaution par un charmant commissionnaire! Il fait bien les choses le beau soleil de Saint-Jean, chère madame, non seulement il mûrit les fruits à la perfection, mais il fait aussi des artistes en amabilité.

J'aurais voulu que M. Dumas reste jusqu'à l'arrivée de papa et qu'il prenne le thé avec nous, mais il n'y a pas eu moyen de le garder. Je n'ai pas osé trop insister parce qu'il m'a dit que vous l'attendiez sans faute par le train du soir.

Cati avait tiré, de la plus haute tablette de l'armoire de la salle, notre compotier de porcelaine des grandes occasions; j'avais dressé dedans, sur les feuilles d'érables, les beaux fruits odorants et l'avais posé sur le buffet, en attendant le moment du dessert, derrière la soupière d'argent que vous avez donnée en cadeau de noces à mes parents. Je crois que papa avait senti les prunes, par le trou de la serrure, avant d'entrer car, dès le seuil, il a fait: «h'm'm'm» et marché droit au buffet. En voyant les feuilles d'érables, il s'est douté, tout de suite, de leur provenance. Sa barbiche de Français a eu un léger tremblement.

Jamais dessert n'a été savouré avec plus de recueillement. Jamais nous n'avions mangé de fruits si délicieusement fondants, ni de si légers en même temps que si lourds de valeur sentimentale.

Papa a parlé, toute la soirée, de Saint-Jean-Port-Joli; du jardin de son père, de la disposition de ses arbres fruitiers et de ses plantes d'ornement; des framboises blanches, des «gadelles noires», de l'allée qui conduisait au berceau couvert de houblon; des dînettes que ses sœurs y faisaient et qu'il allait troubler par ses espiègleries de garçon turbulent; de leur petite amie, Valérie Anctil, aux splendides yeux noirs; des gâteries de la bonne madame Dumas, sa grand-mère, qui cuisait dans son grand four, en même temps que les gros pains de ménage, de tout petits pains pliés, que Valérie apportait tout chauds et qu'ils mangeaient ensemble, avec de la crème épaisse et du sucre d'érable. Je ne peux pas écrire tout ce qu'il lui est revenu à la mémoire en dégustant vos bonnes prunes: ce serait trop long. Il aura grand plaisir à réveiller ces souvenirs en votre compagnie, l'été prochain, si madame Rivet vous le permet.

Merci mille fois, chère madame, de votre très aimable attention. Père et fille en ont été tout remués.

Sylvie Carrière

༝

Mme Tessier
à Mlle Carrière

Saint-Jean-Port-Joli, 1ᵉʳ octobre 1912

Chère fille, mon Élie est revenu enthousiasmé de votre accueil, et honteux d'avoir demeuré chez vous si longtemps. Il m'a expliqué comment ça s'est fait. Votre bonne Catherine, qui lui a ouvert la porte, l'a reconnu à son air de famille et lui a dit en le regardant fixement: «Je compte que vous êtes un monsieur Dumas de Saint-Jean-Port-Joli?» Vous étiez là, tout près, dans l'entrée, coiffée et gantée, prête à sortir. À peine a-t-il eu le temps de dire «oui» qu'il était introduit, assis dans un fauteuil, remercié des prunes, pressé de questions, enfin, traité en ami qu'on a toujours connu. Il ne sait pas au juste ce que vous avez dit, ni ce qu'il a bien pu répondre, il était trop intimidé. Régina lui a demandé quel costume vous portiez; il ne l'a pas remarqué; tout ce qu'il sait, c'est que vous avez du chic, les plus jolies manières du monde et des mains comme il n'en avait jamais vu! Vous avez ensorcelé mon vieux garçon, ma petite Sylvie. Moi qui voulais vous inviter à venir passer quelques jours avec nous le mois prochain... j'ai peur, à présent, que vos beaux yeux fassent des malheureux parmi nos jeunes gens.

Vous vous trompez, belle moqueuse, il n'y a pas l'ombre d'un roman entre ma Régina et notre jeune ami, Jean Leclerc. Elle est son aînée de dix ou douze ans et l'a vu grandir, de sorte qu'elle est moins vivement impressionnée de sa beauté que certaine jeune Québécoise de notre connaissance. D'ailleurs, il a conquis notre estime par de tout autres qualités. Ce beau garçon aurait pu faire comme tant d'autres qu'on ne peut blâmer d'avoir quitté leur village. Son père l'avait mis au collège de Sainte-Anne-de-la-Pocatière, dans l'espérance de le voir embrasser, plus tard, l'état ecclésiastique. Si notre Jean, à défaut de vocation, avait voulu étudier le droit ou la médecine, l'auteur de ses jours aurait été fier et honoré tout de même qu'il devienne «un homme de profession». La mort de son fils aîné l'a forcé de changer ses dispositions. C'est en novembre, il y a de cela cinq ou six ans, que ce malheur est arrivé. En revenant d'une partie de chasse à l'île aux Oies, Pierre Leclerc et ses deux compagnons ont été surpris par un coup de vent et se sont noyés presque sous les yeux de leurs parents, à dix brasses du rivage.

Jean faisait, cette année-là, sa rhétorique. Le père, Auguste Leclerc, s'accorda tout l'hiver pour réfléchir. Quand, aux vacances, le jeune homme revint à la maison, porteur d'un beau diplôme de bachelier et s'attendant à des félicitations, son père lui dit sans prendre des gants: «Tout ça, c'est bel et bon, mon garçon, mais ça te servira pas à grand-chose: il faut que tu restes avec moi pour cultiver la terre. Tes deux frères sont établis au loin: Majorique fait le commerce de bois aux Sept-Îles, François est meunier à Saint-Pamphile, ils ont perdu le tour de mener la charrue et ne voudraient pas se remettre à la culture. J'ai un beau bien qui vient de mes ancêtres, je veux qu'il reste dans la famille.»

Notre Jean, à dix-sept ans, après des succès de collège, s'est mis à la rude besogne de cultivateur. On ne sait pas si le sacrifice lui a coûté beaucoup, il l'a fait si simplement. Il n'est pas exubérant, mais il n'est pas triste. Discrètement, sans lui demander de confidences, sans montrer que je le soupçonne d'avoir quelques regrets, je lui procure des distractions intellectuelles. Il n'est pas le seul, d'ailleurs, à qui je m'intéresse. Joseph Frenette est «petit parent» avec moi, il est l'aîné de vingt-deux enfants et laboure depuis l'âge de douze ans pour aider son père à élever ses vingt et un frères et sœurs. Il n'a pas eu le temps d'aller beaucoup à l'école, celui-là; il est plus âgé et plus rustique d'apparence que Jean Leclerc, mais il a de l'esprit naturel comme ça se rencontre rarement, et une vivacité de répartie qui me surprend toujours.

À ces deux-là et à quelques autres moins intéressants qui font partie du chœur de chant, à qui nous devons quelque dédommagement pour leur assiduité aux exercices, j'essaie de faire plaisir en leur prêtant des livres et des revues. Je les invite assez souvent à rester après la répétition. On leur donne une tasse de café avec un biscuit, un petit verre de cassis, du sucre à la crème ou bien de la tire de mélasse qu'Alice réussit à la perfection et donc, de la musique de graphophone*. Après avoir entendu les grands artistes chanter, chez Pathé frères, mes garçons essaient, à leur tour, les morceaux qui sont dans leurs moyens. Je voudrais que vous entendiez notre Jean chanter «le Credo du paysan», «La chanson des blés d'or», ou encore la berceuse de «Jocelyn».

Nous passons de cette façon des soirées que, pour ma part, je trouve très agréables, malgré la fatigue qu'elles me causent, et qui semblent faire grand plaisir à mes jeunes amis.

J'ai commencé d'écrire l'histoire de ma jeunesse pour tenir la promesse que je vous ai faite, un peu à la légère. Franchement, je crois qu'elle ne vous intéressera pas, vous allez la trouver trop longue. Rien n'est plus ennuyeux que les jacasseries d'une vieille pie. Écrivez-moi, vous, jeune hirondelle. Vous me devez des confidences qui tomberaient dans les oreilles d'une sourde si vous me les faisiez de vive voix, mais vous me le ferez lire et mon jeune cœur de vieille idéaliste les comprendra, même si vous ne les faites qu'à demi-mot.

V.A. Tessier

---

* Graphophone: gramophone ou phonographe.

Mlle Sylvie Carrière
à Mme Tessier

Québec, 15 octobre 1912

Chère madame,
Ce n'est pas précisément «une confidence» que
j'ai à vous faire, c'est plutôt un aveu qui me coûte un
peu mais que je ferai, cependant, aussitôt que vous
aurez tenu votre promesse, car je suis sûre que vous
n'êtes pas de ces esprits étroits que les idées
modernes mettent en défiance ou effarouchent.
Quant à ma tristesse et à ce sentiment de solitude
que j'éprouvais si souvent lorsque je ne vous connaissais pas, je les cherche en vain, ils se sont éva-
nouis à la chaleur de votre amitié. Il y a ici, maintenant, une atmosphère de confiance et de bonne
humeur que nous vous devons. Vous nous ravigotez
tous les deux. Papa n'est pas reconnaissable: ses amis
lui en font la remarque. Moi, j'ai plus chaud, l'avenir
me paraît ensoleillé,
  ...J'ai vingt ans!
  Un souffle de jeunesse et d'amour me soulève...
(Edmond Rostand)
Continuez, je vous en prie, chère madame,
d'exercer votre bienfaisante influence, ne nous
privez pas de vos bonnes lettres. Prenez tout le
temps qu'il vous faut. Je ne vous demande pas de
vous mettre à la tâche, de vous rendre malade, ni de
négliger madame Rivet et les exercices de chant; ni
d'abandonner votre tricot et la lecture de vos revues.
Vous me dites que vous avez commencé d'écrire

votre «roman de jeunesse», eh bien! il faut continuer et surtout ne pas craindre que je le trouve trop long. Plus vous y exprimerez librement vos impressions, plus il m'intéressera. N'allez pas le gâter en voulant le faire plus court. Montrez-vous donc romanesque sans fausse honte, «gros'maman», pour faire plaisir à votre «chère fille».

Sylvie

Mme Tessier
à Mlle Carrière

Saint-Jean-Port-Joli, 12 novembre 1912

Il faut que je vous aime beaucoup, chère petite fille, pour me décider à classer mes souvenirs et préciser ce qui ne me revient plus à la pensée que par bouffées de douceur et de tristesse.

Je ne sais pas par quel bout commencer. Quand je me recueille, ce n'est pas ma propre histoire qui se présente tout d'abord et le plus nettement à mon esprit, mais bien celle de ma famille, que vous ne m'avez pas demandée et qui vous ennuiera peut-être. Chaque fois que, comme ces jours derniers, je me rends jusqu'au fond du jardin pour apercevoir le fleuve avant d'entrer à la maison, chaque fois que je vois passer un bâtiment à voiles et même un paquebot des plus récents ou que, dans l'émotion que me cause toujours un coucher de soleil, je sens un nœud de larmes me serrer la gorge et tous mes sentiments affluer, celui qui me revient le plus vivement à la mémoire en ces moments-là, ce n'est pas Jacques Carrière, «mon premier cavalier» ni André Tessier, le cher mari que j'ai tant pleuré; c'est un bonhomme que je n'ai jamais connu mais à qui j'ai souvent pensé depuis que je suis vieille, quoiqu'il soit mort depuis plus de deux cents ans: c'est Jean-Marie Anquetil, natif de Senay, au diocèse d'Avranches, en face du Mont-Saint-Michel. Il émigra au Canada en 1695. Ce n'est pas en contemplant notre fleuve que je peux oublier mes origines, n'est-ce pas? Le Saint-Laurent, c'est la grande route de la France. Bien que je sois venue des vieux pays moins directement et moins récemment que vous, ma petite Sylvie, je n'en suis pas moins Française et de bonne race normande, je m'en fais gloire. Cela aussi fait partie de ma vie sentimentale.

Rassurez-vous, je ne sais pas grand-chose de mon premier ancêtre canadien et de ses nombreux descendants, si ce n'est que notre famille est des premières mentionnées aux registres de Saint-Jean-Port-Joli.

Puisque vous êtes venue en auto par le chemin du roi, vous avez sans doute remarqué qu'il fait un coude, à la rivière des Trois-Saumons; devant le vieux moulin banal, qui appartenait aux de Gaspé, où M. Lacorne de Saint-Luc, rescapé du naufrage de «l'Auguste», avait trouvé asile, à l'automne de 1761. Vous avez dû voir, de guingois* sur la berge, près d'un petit pont, une grande maison de pierre; elle a

---

* De guingois: de travers.

Manoir de Gaspé (1765). - St-JEAN-PORT-JOLI, P. Q.

J.-.P Garneau, édit., Québec

Construit pour remplacer celui qui avait été détruit lors
de la Conquête, le manoir de la famille Aubert de Gaspé
fut lui aussi détruit dans un incendie en 1909.

été bâtie par mon arrière-grand-père, aidé de ses
huit fils, et elle est encore habitée par un de ses
descendants.

Tout près de là, la route contourne le petit cap
sur lequel était situé le premier manoir de Gaspé,
brûlé par les Anglais en 1759. C'est en ces parages
que je suis née, le 13 octobre 1844, trois mois avant
la naissance de mon ami Jacques. Son père était
notaire, comme vous savez, au village de Saint-Jean,
à dix pas de l'église. Le mien était pilote et quitta le
Port-Joli, tout de suite après la mort de ma jeune
mère de dix-neuf ans, pour aller habiter Québec.
J'avais trois ans lors de son second mariage.

Tant qu'a vécu mon grand-père maternel et tant
que mes tantes, sœurs de ma mère, n'ont pas été
mariées, ma belle-mère ne demandait pas mieux que

de me confier à eux pour de très longues vacances. Les propriétés de vos parents et des miens étaient voisines, les relations entre les deux maisons, amicales et quotidiennes. C'est ainsi que, par un beau soir de juillet, en l'année 1859, au débarquer de la goélette qui m'avait amenée de Québec, je trouvai, en place de mon compagnon de jeux ordinaire qui traitait assez rudement ses sœurs et leurs petites amies, un grand jeune homme blond, timide, élégant dans sa tunique de collégien, que je n'ai plus osé tutoyer et que j'ai aimé tout de suite, de tout mon cœur.

Je ne sais plus s'il y eut une déclaration d'amour nettement formulée, mais je me souviens qu'il m'avait donné un trèfle à quatre feuilles que j'ai conservé longtemps dans mon livre de prières. En retour, je lui avais apporté du jardin de ma grand-mère une grande pensée sombre, à centre jaune d'or, qu'il avait pressée entre les feuillets de son gradus*. Quelques jours après, j'avais trouvé, dans la fourche du gros peuplier où j'allais m'asseoir pour lire les romans de Paul Féval ou de l'abbé Guenot, un acrostiche, sans signature, que je sais encore par cœur. Je ne me suis jamais demandé ce qu'il vaut au point de vue «littéraire». Sur ses vieux jours, mon ami Jacques le jugerait peut-être ridicule, à tout le moins exagéré de sentiment et d'expression; il le renierait sans doute. Je ne vous conseille pas de le lui rappeler. À moi, il paraît aussi bon que le temps de ma jeunesse. Jugez-en vous-même.

---

* Gradus: dictionnaire d'expressions poétiques latines.

Velours noir pointé d'or! Vos yeux, cette pensée
À jamais associés dans mon cœur pour toujours
Laisseront de l'émoi. Espérance insensée
En l'amour, beaux projets, doux rêves de mes jours,
Reviennent avivés, dès la nuit commencée.
Ils me font entrevoir de célestes séjours,
Et vous êtes l'idole, en ces lieux, encensée.

L'été me parut court et la séparation d'autant plus cruelle. Sous l'œil soupçonneux de la tante Élisa, nos mains nerveuses s'unirent un instant. Jacques murmura un bref: «M'écrirez-vous?» Un oui jaillit de mes yeux et roula jusqu'à mes lèvres. Ce fut tout.

Les autorités du collège Sainte-Anne et celles de mon couvent réprimèrent sévèrement la première tentative de correspondance. Jacques fut puni de m'avoir écrit une lettre et moi, de l'avoir reçue. Il fallut en rester là. Mais je vivais dans l'espoir de le revoir aux vacances suivantes et j'étudiais avec ardeur pour me rendre digne d'être aimée d'un si gentil poète.

Mon grand-père Dumas mourut dans le courant de l'hiver. Au printemps, mon oncle Eugène et ma tante Caroline se marièrent; la maison changea de direction. Ma belle-mère prit prétexte de ces événements familiaux pour m'emmener, l'été suivant, passer mes vacances avec elle, à la Pointe-au-Père... à quarante lieues de Saint-Jean Port-Joli!

J'ai compris, plus tard, que tous nos proches s'étaient aperçus de ces sentiments tendres que nous croyions si bien dissimulés, mon ami Jacques et moi,

La famille d'Eugène Dumas, oncle de madame Tessier.
De gauche à droite, assis, Praxède Dumas (?), sœur d'Eugène,
Eugène Dumas, sa deuxième épouse, Aurélie Bourgault; debout,
Élie, enfant du premier mariage, Régina et Gaspard Dumas,
les seuls enfants du «deuxième lit». Eugène Dumas et sa sœur
Caroline se sont mariés en 1858. Eugène Dumas habitait la maison
sise au 71, de Gaspé Est, maison que son père avait obtenue
par héritage du curé Boissonneault. C'est Gaspard qui a
transformé la demeure en hôtel, l'Auberge du touriste,
devenue ensuite une maison de retraite.

et qu'ils voyaient plus clairement que nous le danger
des fréquentations quotidiennes. À cette époque, je
n'en pensais pas si long et je me trouvais bien malheureuse. J'aurais voulu écrire à Amélie sinon à
Jacques directement; une gêne m'en empêcha. Je
craignis que leurs sentiments ne fussent plus au
diapason des miens et que mon bel amoureux eût
déjà oublié son «flirt» de l'été précédent.

Je n'ai jamais été jolie. J'étais, à cette époque, petite, maigre, noiraude... et mal mise! Ma belle-mère, qui était blonde et de belle taille, n'était pas fière de moi. Comme elle était bonne ménagère et peu généreuse, elle recoupait ses vieilles robes pour m'en fabriquer des neuves dont je devais faire mes beaux dimanches. Imaginez comment pouvaient me convenir les nuances qui allaient à son teint clair.

Au fond, cette année-là, elle compatissait probablement à mon gros chagrin, mais elle ne faisait rien pour l'adoucir. J'aurais été moins malheureuse si seulement elle m'avait acheté une robe neuve, une pauvre petite robe de quatre sous, beige, jaune ou rouge, au lieu de m'endimancher de satin vert pâle et de me tenir, à la longue semaine, en indienne rose nanan.

Orgueilleuse, je dissimulais mes peines d'amour et mes blessures d'amour-propre. J'essayais de m'en consoler en cherchant des agates dans le sable, en me baignant dans l'eau glacée du fleuve qui me coupait les jambes, en compagnie de belle-maman; et, particulièrement, en écrivant le nom du bien-aimé sur tous les rochers de la plage.

J'avais noué au pensionnat des relations agréables et utiles. C'est chez une amie de ce temps-là que j'ai rencontré celui qui devint mon mari deux ans après ma sortie du couvent. André Tessier n'était pas joli garçon comme votre père. Grand, mais trop maigre, il avait le visage long et encadré de favoris bruns tirant sur le roux. Tout jeune, il avait perdu ses parents; deux vieilles tantes de son père l'avaient élevé et l'aimaient tellement qu'elles le trouvaient beau. Je fis de même. D'excellente famille, neveu d'un juge des plus considérés, intelligent et bon, il m'aimait de tout son cœur et il était pour moi un parti inespéré: notaire, je n'ai pas besoin de vous le dire.

Vous aimeriez bien savoir, je suppose, comment ma belle-mère s'acquittait de ses devoirs de surveillante, au temps de mes fiançailles et quel règlement elle avait établi qu'il nous fallait suivre à la lettre.

Mon futur avait la permission de m'accompagner à la promenade, le dimanche. Nous allions généralement en visite chez sa cousine, madame Rivet (la dame nerveuse que vous avez rencontrée chez moi). À l'heure fixée pour le retour, peu après avoir tourné le coin de la rue du Roi où habitaient mes parents, nous étions sûrs d'apercevoir, en approchant de la maison, un rond blanc sur une vitre de la fenêtre du salon. C'était le bout du nez de belle-maman qu'elle aplatissait ainsi, qu'elle aurait eu le cœur de passer à travers la vitre pour mieux nous voir arriver et s'assurer de la correction de nos manières.

De plus, M. Tessier était autorisé à franchir le seuil de notre salon le jeudi soir et, justement, la bonne sortait ce soir-là. Madame Anctil guettait son coup de sonnette et se précipitait à sa rencontre; je devais attendre qu'il ait quitté son pardessus, accroché son chapeau et pénétré dans la pièce de réception pour y faire cérémonieusement mon entrée. Notre salon n'était pas grand, mais il y faisait froid; les chaises étaient rangées en ordre de bataille le long des murs et le reste de l'ameublement n'était pas plus accueillant. Ma belle-mère prenait place sur le canapé entre deux coussins rigides, recouverts de crin noir brodé de grosses fleurs de couleurs vives qu'elle ne déplaçait pas d'une ligne; nous, de chaque côté, éloignés autant que possible l'un de l'autre et très attentifs à ne pas déranger l'ordre établi. C'était madame Anctil qui dirigeait la conversation. Elle parlait de la température, des occasions qu'elle trouvait au marché de la basse ville, du prix des denrées... et vers neuf heures moins le quart elle se tournait vers moi en disant invariablement:

«Val'rie, M. Tessier boirait peut-être quelque chose, va donc chercher du sirop de vinaigre, ou plutôt du vin de rhubarbe, tiens!»

Puis, entre parenthèses et se tournant de l'autre côté:

«Il ne peut pas vous faire de tort, il a été fait à la maison.» Et — demi-tour à gauche:

«Val'rie, vois donc s'il ne serait pas temps de mettre un peu de charbon dans le poêle», ou bien: «fais donc entrer Azor, je l'entends aboyer depuis un quart d'heure.»

Je me levais docilement pour exécuter ses ordres et, quelques minutes après l'absorption de la drogue, à neuf heures sonnantes, mon fiancé prenait congé, reconduit jusqu'à la porte par belle-maman, sans avoir eu la chance de causer avec moi.

Trois mois avant notre mariage, un bon soir que, comme tous les jeudis à la même heure, j'entrouvrais la porte pour faire entrer Azor, un coup de vent la referma violemment sur une patte du pauvre animal qui poussa un hurlement de douleur. En l'entendant, Mme Anctil, plus tendre pour son chien que pour moi, avait couru à la cuisine, hors d'elle-même, s'était jetée à genoux devant son toutou pour examiner la blessure et, dans son angoisse, avait oublié, pour l'instant, ce qu'elle appelait les dictées de sa conscience. Au lieu d'attendre sur place les reproches que je sentais imminents, j'étais retournée vivement au salon où mon fiancé m'avait reçue à bras ouverts. Je m'étais jetée à son cou sans réfléchir à l'inconvenance de ma conduite et Dame!... on s'embrassait, lorsque ma belle-mère, poussant la porte du genou, parut dans l'encadrement, tenant, sur la hanche, le chien estropié et, devant elle, le vin de rhubarbe sur un plateau. Quand elle nous aperçut, le plateau eut une dangereuse oscillation, mais c'est le toutou qui fut posé avec précaution sur la table de centre. Elle ne savait plus où mettre les rafraîchissements et fut obligée de les garder à la main pendant la réprimande indignée qu'il était de son devoir de prononcer. La crainte de répandre le délicieux breuvage et surtout de casser les verres lui imposait toutefois quelque modération dans les gestes sinon dans les paroles. Elle coupa court en disant avec majesté:

«Ma fille, ton père va le savoir».

Malgré le comique de la situation, je n'étais pas bleue de rire. Heureusement, cette menace ne pouvait pas être mise à exécution avant quelques semaines.

Je vous ai dit, n'est-ce pas? que mon père était marin de son état. L'été, il se contentait de faire du pilotage sur le fleuve entre Québec et la Pointe-au-

Père; mais il ne se résignait pas à rester inactif tout l'hiver et faisait chaque année un voyage au long cours, soit en Australie, soit en Amérique du Sud. Cet hiver-là, il fallait attendre son retour de Buenos-Ayres pour le mettre au courant de mes déportements.

Contre notre attente, cet incident ne nuisit pas à nos affaires sentimentales. Nous eûmes, dès lors, un peu plus de liberté dont nous n'abusâmes pas, en honnêtes jeunesses que nous étions.

Il fallait aussi songer à mon trousseau. Pendant que je cousais à la main, sagement assise auprès de la fenêtre de la salle à manger, ma belle-mère faisait de longues courses en ville et de mystérieuses visites au grenier qui m'intriguaient beaucoup. Un bon matin, j'eus l'explication de ses allées et venues. J'entendais depuis quelques instants des craquements, des glissements de caisses, lorsque retentit la douce voix qui m'appelait à l'aide. En mettant la tête au bord de la trappe, j'aperçus la bonne dame qui s'essoufflait à faire sortir d'un ravalement une petite malle recouverte de peau de loup-marin, toute déformée, tout aplatie, et qui paraissait vide. J'aidai à la tirer devant la lucarne, à déboucler les courroies et à lever le couvercle.

— «Mets-toi à genoux, Val'rie, tu es plus jeune que moi, sors ce qu'il y a dedans», me dit belle-maman.

Il y avait dedans: une mante de barège* blanc garnie de satin piqué et d'effilés de soie, une

---

* Barège: étoffe de laine légère et non croisée.

crinoline rouillée, des bas de soie jaunis, une robe de faille* française lilas brochée de blanc, à corsage plat, manches bouffantes et vaste jupe plissée à la paysanne. Au fond de la malle, une petite boîte de carton contenait un morceau de gâteau pétrifié; une autre boîte — celle-là recouverte de velours vert et à fermoir doré — renfermait un daguerréotype** de mes parents en costume de mariés. Mon père avait posé debout, le visage épanoui, une main sur l'épaule de sa femme; elle, assise, les mains placées l'une sur l'autre et levant vers lui des yeux d'adoration; tous deux étaient ridicules et attendrissants. J'eus un moment d'émotion qui fit bientôt place à la consternation, car je ne fus pas lente à comprendre que ma belle-mère avait l'intention d'utiliser à mon usage la robe de noce vieille d'un demi-siècle; et je savais qu'il n'y avait pas moyen de la faire revenir sur sa décision. Par ses soins, la belle soie moelleuse — d'une nuance très douce, heureusement — fut retournée, taillée à la dernière mode, et il a bien fallu que je m'en contente. J'avoue qu'elle ne m'allait pas trop mal. Par bonheur, je n'avais pas trouvé de coiffure dans la malle à surprise. J'eus une capote du dernier goût, à longues brides de tulle qui se nouaient en large nœud sous le menton, des gants neufs et des souliers convenables.

Mon père, revenu depuis peu de son voyage au long cours, était de bonne humeur et fort satisfait du mariage de sa fille. Il me conduisit à l'autel par

---

* Faille: tissu de soie à gros grains formant des côtes.
** Daguerréotype: photographie sur plaque de métal.

un beau matin de juin. Le soleil et le bonheur, ce jour-là, harmonisaient ma robe et mon teint. Je voyais dans les yeux de mon André qu'il me trouvait jolie... et j'étais, enfin, débarrassée de ma belle-mère! Je ne portais pas à terre!

Cependant, il fallut plusieurs semaines de vie heureuse pour me remettre tout à fait de l'intoxication. J'avais le mari le plus attentif, j'étais reine et maîtresse dans sa maison et je tendais toujours le dos, je craignais toujours de déplaire. Il m'était resté dans les oreilles des échos de voix grondeuse que les plus tendres paroles ne réussirent pas tout de suite à chasser complètement.

J'étais retournée quelquefois à Saint-Jean-Port-Joli, dans les années qui suivirent mon grand et unique chagrin d'amour, en courtes visites à mes parents et aux vôtres. Vos tantes venaient souvent me voir à Québec, mais j'avais totalement perdu de vue mon ami Jacques. Je savais que, ses études classiques terminées, il faisait son droit à l'Université Laval et les échos de ses succès mondains parvenaient de temps en temps jusqu'à moi. Beau, spirituel, musicien, tournant agréablement le couplet* (comme on disait alors), il était lancé dans la haute société.

La ville de Québec, dans les années qui ont précédé la Confédération, était plus animée qu'elle ne l'est aujourd'hui. Elle était le siège des deux gouvernements et des troupes anglaises y tenaient garnison. Le salon de Mme Duval réunissait les deux sociétés: l'anglaise et la canadienne-française. C'était

---

* Tourner agréablement le couplet: avoir toujours un mot gentil.

74

le foyer où les papillons du beau monde québécois venaient se brûler les ailes. Les officiers anglais aux voyants uniformes, dont plusieurs appartenaient à la plus haute aristocratie, y fréquentaient assidûment. Cependant, leur prestige ne nuisait pas, auprès des dames, à trois étudiants en droit dont l'un était le fils de la maison, l'autre, le fils du lieutenant-gouverneur et le troisième, ni plus ni moins que l'auteur de vos jours. Il n'était encore que l'auteur de bons mots et de chansons pleines de verve qui faisaient les délices de la société. C'était au temps de la grande vogue des romans d'Alexandre Dumas père. On appelait ces jeunes favoris «les trois mousquetaires» et toutes les mères de filles à marier les accablaient de politesses, même sans espérer fixer leur choix.

En ce temps-là, j'étais parfaitement et paisiblement contente de mon sort, dans ma grande et confortable maison de la Côte-Saint-Georges, avec le meilleur des maris et mes espérances de maternité. Je n'avais pas oublié mon acrostiche, mais il ne me faisait plus le même effet.

À votre âge, chère Sylvie, j'avais un petit enfant dans les bras, j'étais la plus heureuse des femmes. Cinq ans plus tard, il ne me restait rien de mon bonheur: mes deux enfants et mon mari étaient morts. Je demeurai longtemps indifférente à tout. Le chagrin avait tué en moi toute énergie et je faillis retomber sous le joug de ma belle-mère. Mme Rivet, qui aime tant se mêler des affaires des autres, fut ma providence en cette circonstance. Elle me représenta les inconvénients d'un tel rapprochement. Elle aussi était devenue veuve depuis peu et, comme moi,

La maison du pilote Verreault acquise par madame Riverin
vers 1870. Elle passa ensuite aux mains du notaire
Denis puis à «J.-A.» et à René Saint-Pierre. Incendiée, elle a été
remplacée par un édifice commercial au 45, de Gaspé Est.

n'avait pas trente ans. Ses ressources, bien que
supérieures aux miennes, ne lui permettaient pas de
continuer son même train de vie à Québec où,
d'ailleurs, les bonnes langues n'auraient pas manqué de critiquer sa détermination de vivre sans
chaperon. Elle me suggéra d'aller, avec elle, demeurer à la campagne. Le cher Saint-Jean de mon
enfance se présenta tout de suite à mon esprit. Ma
résolution fut vite prise et mes malles vite faites.
Mon oncle Eugène Dumas m'offrait l'hospitalité
dans la maison de mon grand-père; je partis avec
l'assentiment de mon père, malgré les airs scan-
dalisés et les protestations hypocrites de belle-
maman.

La maison de madame Valérie Anctil-Tessier. Élie Dumas
en hérite à la mort de sa tante. Le docteur Fernand Lizotte
l'habite lorsqu'il arrive à Saint-Jean et la remplace ensuite
par sa demeure actuelle, au 69, de Gaspé Est.

Je n'eus pas de peine à trouver, dans le village,
pour Mme Rivet, une maison vacante où elle ne
tarda pas à venir s'installer, et, pour moi-même,
quelques pièces dans la maison de mon cousin
Achille Anctil que j'ai fini par acheter (pas Achille
A., sa maison), où vous m'avez surprise après 40 ans,
par un beau dimanche de l'été dernier.

Ouf! je suis fatiguée mais contente d'avoir tenu
ma promesse. Vous voyez, chère Sylvie, que mon
«roman» a été court: À quinze ans, un chagrin
d'amour refoulé énergiquement; cinq années de
bonheur dans le mariage, traversé d'inquiétudes et
terminé par la mort; après, la vie tout unie dans la
paix de la campagne. Mais, si c'est être romanesque

que d'aimer voir le bonheur des jeunes, je le suis. J'ai compassion des pauvres amoureux: leurs chagrins m'émeuvent, leurs illusions ne me font pas sourire.

Et maintenant, ma petite Sylvie, allez-y de votre «aveu difficile à faire». Si je n'avais pas vu votre regard franc, si je ne connaissais pas la race dont vous sortez, j'aurais peur de ce que vous allez me confier. J'espère, toujours, que vous ne vous êtes pas promise, par carte postale illustrée, à un correspondant que vous ne connaissez ni d'Ève ni d'Adam. J'espère, surtout, que ce «souffle de jeunesse et d'amour qui vous soulève» n'a pas fait voler votre bonnet par-dessus les moulins*.

Je plaisante, mais je suis impatiente de savoir.

Votre veuve Tessier

Mlle Sylvie Carrière
à Mme V.-A. Tessier

Québec, 1er décembre 1912.

Chère madame,
Je suis «bachelière». Le voilà mon «aveu difficile à faire».

Je vous ai dit, n'est-ce pas? qu'après avoir terminé mes études à la «Villa-Maria» je ne tenais pas

----

* Faire voler son bonnet par-dessus les moulins: braver l'opinion, les convenances.

beaucoup à retourner à Québec... Eh bien! j'ai obtenu de mon père la permission de rester à Montréal, afin de suivre les cours de l'Enseignement secondaire, et j'ai profité de toutes les facilités de m'instruire qui m'étaient offertes. Outre mon brevet de bachelière, je possède un diplôme de littérature française de l'Université de Montréal, mais je n'ai pas d'amoureux, gros'maman, les parchemins ne les attirent pas.

J'avais rencontré à l'Université un jeune avocat qui suivait le cours de littérature en même temps que moi. Il semblait se plaire à causer, il avait même esquissé une déclaration que j'avais accueillie «avec une aimable indulgence», ainsi qu'on disait au temps de Mlle de Scudéry. Sa flamme s'est éteinte subitement à la lecture des notes de fin d'année. Je l'ai entendu dire à son voisin de pupitre, à mi-voix, mais en appuyant, afin que je saisisse bien son intention: «Le professeur est plus galant que juste; et... les bas bleus* sont insupportables.»

Chère madame, je vous donne là une arme contre moi. Vous voyez que vous pourriez me présenter tous les jolis garçons de Saint-Jean-Port-Joli sans craindre de causer leur malheur. Si mes beaux yeux faisaient des victimes, vous n'auriez qu'à divulguer ce gros secret — imprimé en toutes lettres dans l'annuaire de l'Université — et l'Amour prendrait la fuite.

---

* Bas bleus: surnom donné autrefois aux femmes qui s'intéressaient à la littérature avec un certain pédantisme.

Cati a commencé le grand nettoyage préparatoire à la fête de Noël. Cette année, comme les années passées, les Berti viendront à Québec, mais ils descendront au «Château-Frontenac». Ce sera moins gênant pour eux et moins fatigant pour nous; Cati se fait vieille et ne veut pas accepter l'aide que nous lui offrons. Donc, nous sommes invités à prendre le dîner de Noël au «Château» en leur compagnie et il est entendu que nous les recevrons à notre table au Jour de l'an. Entre nous, ils seront régalés d'une dinde comme il ne s'en mange pas souvent dans les palaces. Notre bonne vieille grognon ne veut s'en remettre à personne du soin de surveiller et d'arroser le rôti, mais elle le réussit comme personne.

Et maintenant, j'en arrive à la partie la plus délicate de ma lettre. Vous m'avez dit dans votre avant-dernière que vous avez eu l'intention de m'inviter à passer quelques jours avec vous... Chère madame, voulez-vous me recevoir à Noël? J'arriverais la veille par le train de 7 heures du soir et je partirais le lendemain par le rapide du matin. Est-ce trop vous demander? J'aimerais tant pouvoir causer avec vous après tout ce que nous nous sommes écrit. Je suis votre petite Sylvie, vous êtes ma chère gros'maman et nous ne nous sommes presque pas vues. Je n'appelle pas «se voir» se rencontrer une fois, à la hâte, et en présence de madame Rivet.

Votre beau pays, à ce temps-ci de l'année, doit être poétique, et combien davantage le sera-t-il en cette nuit où le ciel visitera la terre!

Le magasin d'Albert Morin, au centre, construit en 1883
et aujourd'hui disparu. Morin habitait l'une des deux maisons
adjacentes. À l'extrême-droite, l'enseigne du cordonnier
Hector Deschênes, établi à cet endroit (55, de Gaspé Est)
au début du siècle.

Quelle impression de repos, de paix surnaturelle
doit pénétrer l'âme à l'aspect de ce moelleux tapis
de neige qui suit les ondulations du terrain, s'étend
sur les collines et ne s'arrête qu'au bord du ciel; de
ces arbres de Noël dispersés dans les champs, étin-
celants de leur givre naturel; de tout ce paysage
baigné de lune, car la lune sera de la partie, je l'ai
lu dans l'almanach. Papa m'assure que le son loin-
tain des cloches de Saint-Aubert est perceptible par
les temps calmes. Ce soir-là, il figurera les clochettes

La maison du notaire Pamphile-G. Verreault, député et maire, au début du siècle. Elle a ensuite appartenu aux descendants du notaire, décédé en 1906, puis au fleuriste Bernier, avant de devenir un gîte du passant, le Boisé-Joli en 1993 (41, de Gaspé Est)

du troupeau qui erre à l'aventure quand les bergers se rendent à la crèche.

Mais — il y a toujours des mais — je ne veux pas me montrer égoïste, chère gros'maman, je ne m'en remets pas à votre générosité mais à votre raison. Consultez votre maisonnée: Alice, Régina, votre vieux garçon. S'ils croient que ma visite vous fatiguera, ne réitérez pas votre invitation. Nous nous souhaiterons «Joyeux Noël» et «Bonne année» par cette carte postale illustrée.

Votre petite Sylvie

Mme Tessier
à Mlle Sylvie Carrière

Saint-Jean-Port-Joli, 4 décembre 1912.

Notre raison et nos cœurs sont d'accord, chère Sylvie, nous serons tous très heureux de vous faire accueil dans notre vieille maison. Mon Élie ira vous chercher au train de sept heures, le mardi, vingt-quatre de ce mois. Il apportera mon grand châle et vous vous en envelopperez la tête: votre petit nez et vos oreilles s'en trouveront bien; le soir, en plein champ, l'air est «fine» disent nos bonnes gens. Je vous écrirai plus au long la semaine prochaine pour vous faire mes ultimes recommandations vestimentaires.

Au plaisir de vous revoir, chère fille de mon cœur.

V.A. Tessier

P.S. — L'arme que vous me fournissez se retournerait contre moi si je la dégainais dans mon entourage. Personne, ici, ne redoute les femmes instruites. On rit, tout bonnement, de celles qui croient tout savoir et veulent nous en imposer, mais les charmantes comme vous n'en sont que plus admirées.

V.A.T.

Mlle Sylvie Carrière
à Mme Tessier

Québec, 7 décembre 1912.

Chère gros'maman,
Votre invitation me comble de joie, je craignais
tant ne pas la recevoir. J'ai prié saint Christophe, et
je continue de le prier afin qu'il ne surgisse pas de
difficultés. Il reste encore trois semaines avant Noël,
je vais les trouver bien longues.

J'attendrai une autre lettre avant de prendre mes
dernières dispositions. Toutefois, n'allez pas croire
qu'il fait chaud, à Québec, à la fin de décembre; et
Saint-Jean-Port-Joli, c'est un pôle magnétique, mais
ce n'est pas le pôle nord!

J'ai un manteau de fourrure, des *snowboots* (parlons français), une toque et un manchon de fourrure; mon manchon n'est pas grand, mais je mets le
bout de mes doigts dans mon manchon, et, quand le
froid pique, je m'en protège le nez ou les oreilles.

Mon vieux mousquetaire, lui, a votre roman
entre les mains. Il préfère le lire seul et je n'ai pas
cru devoir le lui refuser. Au point où nous en
sommes, chère madame, je crois que vous m'auriez
autorisée à le lui passer. Ce n'est pas vous trahir,
c'est vous montrer telle que vous êtes, c'est-à-dire
tout à votre avantage. Papa ne me communiquera
probablement pas ses impressions; je vous dirai les
miennes de vive voix quand j'aurai la grande joie de
vous revoir.

Sylvie

Mlle Sylvie Carrière
à Mme Tessier

Québec, 28 décembre 1912

Chère gros'maman,
Vous devez être bien fatiguée et bien contente
que la Noël soit passée. J'espère que vous ne paierez
pas trop cher le gros plaisir que vous avez fait à la
petite Sylvie. Je serais malheureuse si j'apprenais que
vous êtes souffrante; c'est bien assez que j'aie à me
reprocher d'avoir laïcisé pour vous cette grande fête
religieuse, quand ce ne serait que de vous avoir
empêchés de dire les mille ave en famille (j'ai vu
votre chapelet en petit tas sur l'étagère). Pour moi,
c'est le contraire qui s'est produit: mes émotions
profanes sont devenues religieuses à force d'inten-
sité. J'ai pleuré pendant la messe de minuit, mais je
ne jurerais pas que le grand mystère qu'on y célé-
brait ait été l'unique cause de mes larmes.

J'étais attendue, ici, avec impatience. Mes deux
neveux sont venus au-devant de moi jusqu'à la gare
de Lévis, afin de satisfaire plus vite leur curiosité. Il
a fallu que je leur dise sans tarder pourquoi je leur
ai faussé compagnie dès leur arrivée à Québec. Tout
en m'acheminant vers le bateau et pendant la
traversée — un petit gars pendu à chaque bras et
tous les deux suspendus à mes lèvres —, j'ai fait le
récit de mon beau voyage en le dramatisant un peu
pour le rendre plus intéressant à mes jeunes audi-
teurs. J'ai parlé de mon arrivée à la station de Saint-
Jean, du passage brusque de la clarté vive du wagon

à l'obscurité de l'extérieur; de la lanterne du nègre, posée sur le quai, qui n'éclairait que des pieds, tandis que celle du chef de gare, balancée à l'aveuglette, laissait deviner des capots de chat* qui tendaient le bras vers les voyageurs en poussant des cris rauques. Je leur ai dit que le plus beau de ces capots avait une voix plus douce que les autres, même un peu timide; qu'il s'est emparé de ma valise, très gentiment, qu'il m'a offert sa manche pour me tirer de la foule et me conduire à la salle d'attente; que là, seulement, j'ai pu apercevoir, entre son grand col et un gros bonnet de loutre, les yeux appréciateurs, le bout du nez expressif et la moustache spirituelle de votre délégué, M. Dumas.

J'ai parlé de l'épais châle noir dont il m'a entortillé la tête; de Gredin, le cheval fougueux qui dansait sur la neige craquante en faisant tinter ses grelots et qui nous a menés à votre porte en un rien de temps. Je leur ai dit que votre maison irradiait la lumière par toutes ses fenêtres, que votre porte s'est ouverte comme par enchantement, que vous étiez trois à me débarrasser du châle pour me faire voir plus vite vos sourires de bienvenue. Il n'y a pas eu de présentations, je connaissais la maisonnée d'avance; je savais laquelle était Alice et laquelle, Régina. La chatte semblait avoir entendu parler de moi: à peine étais-je assise qu'elle a sauté sur mes genoux pour me montrer que j'étais de la famille. Nous étions toutes, je crois, un peu surexcitées, mais j'ai

---

* Note de l'auteure: on dit «paletot de racoon [raton-laveur, ou "chat sauvage"]» dans le commerce et dans les romans.

conscience d'avoir dépassé les bornes d'une décente loquacité et je reste un peu honteuse d'avoir tant parlé. Je ne m'en suis pas vantée à mes neveux.

Je leur ai fait une description de la messe de minuit à Saint-Jean-Port-Joli; cela valait mieux. Je n'ai pas oublié de mentionner les beaux vieux cantiques chantés tout simplement, et cependant de façon inoubliable, par vos élèves.

À la maison, j'ai recommencé mon récit en le modifiant considérablement. Si on ne m'avait pas interrogée, j'aurais quand même parlé, je ne peux m'en taire... et c'est heureux: si je ne disais rien, je croirais avoir rêvé tant les bons moments vécus en votre compagnie ont été vite passés.

En rentrant de son bureau, avant même de s'essuyer la moustache pour m'embrasser, papa s'est écrié: «Et madame Tessier, comment est-elle?» J'ai répondu: «Elle va bien, cher papa, et... elle est belle!» J'ai fait votre portrait d'enthousiasme, gros' maman. Vos oreilles ont dû tinter. J'ai dit: (sautez le paragraphe, si vous craignez pour votre modestie) «Si tu voyais, père, ses fins cheveux blancs frisotter autour de son front sans plis! Les beaux yeux noirs que tu n'as pas oubliés sont toujours brillants et la bouche charmante est encore meublée de ses belles dents naturelles, sauf un petit manque au coin du sourire. Le généreux embonpoint dont se plaint notre amie l'a préservée des rides. Elle a les plus jolies mains potelées! — potelées sans onction ecclésiastique, tu sais, vives et parlantes.

Il fallait la voir présider sa table, au réveillon, dans sa robe noire tout unie, éclairée au col d'une étroite bande de tulle blanc retenue par un tout petit bijou — rubis entouré de perles — et si soignée de toute sa personne!»

Il n'y a pas à dire, gros'maman, vous êtes décorative. Et le réveillon était digne de la dame de céans: plantureux et exquis. Vous nous regardiez y faire honneur en buvant à petites gorgées une tasse de bouillon, corsé d'une croûte de pain séché; mais vous n'auriez pas eu le temps de manger beaucoup plus si votre régime l'avait permis, vous étiez trop empressée à servir vos convives. Et vos gens sont à votre image; comme vous, ils se donnent trop de mal; vous raffinez sur la politesse, si simplement d'ailleurs que cela paraît tout naturel. C'est quand on y réfléchit qu'on se rend compte de l'effort physique que demande une telle façon d'exercer l'hospitalité; on est alors dans la confusion d'avoir accepté tant de prévenances comme si elles nous étaient dues.

Tout en vous prodiguant pour mettre tout le monde à l'aise, chère gros'maman, vous demeurez, pour me servir de votre expression, reine et maîtresse dans votre maison et vous savez régner sur votre petit monde. Quel joli respect vous inspirez à votre entourage! On le retrouve jusque dans les gronderies affectueuses. Comme vous avez su, de même, dissiper l'embarras causé par la présence, au milieu de vos familiers, de la demoiselle de Québec! La dite demoiselle était elle-même fort intimidée. Un mot, celui qu'il fallait, un geste affectueux ont suffi à me faire reconnaître citoyenne de Saint-Jean-Port-Joli. Tous vos invités se sont empressés de dire qu'ils avaient déjà vu mes parents ou qu'ils en avaient entendu parler. La glace était rompue... Il est vrai que vous avez été secondée puissamment par M. Dumas. Ses bonnes histoires n'ont pas peu contribué à rétablir l'atmosphère habituelle; elles ont fait rire même M. Leclerc.

J'ai essayé de prêcher comme le curé Fournier pour amuser mes petits neveux, et aussi d'imiter Damase Grégoire, votre mendiant fleuri, mais je n'ai pas le tour. Il faudra que je prenne quelques leçons de votre vieux garçon.

Votre Joseph Frenette, aussi, me plaît énormément. Vous avez bien fait de le placer auprès de moi, à table; nous avons causé, tout de suite, comme de vieux amis. Si j'avais eu M. Leclerc pour voisin, la conversation aurait probablement langui. Comme vis-à-vis, il n'a pas été brillant: chaque fois que je le regardais, il baissait les yeux en rougissant. Par bonheur, ma modestie ne me permettait pas de croire que je pouvais être la cause de son trouble, quoique je la fusse en réalité, mais pas de la façon que j'aurais désiré l'être. Vous lui aviez demandé, gros' maman, de me faire faire une promenade en voiture, dans l'après-midi de Noël; le pauvre garçon ne devait pas être à son aise en pensant à la corvée qui l'attendait. Si vous m'aviez mise au courant de votre programme d'amusement, je vous aurais priée, peut-être hypocritement, d'en biffer cette partie; ou, du moins, j'aurais dit à ce timide jeune homme que je ne voulais pas lui causer ce dérangement ou cet ennui. Mais je suppose que, pour vous faire plaisir, il aurait insisté; je me serais laissé persuader et nous n'en aurions pas moins été le point de mire des curieux et curieuses du village. J'imagine que, parmi les jeunes filles qui nous ont vus passer, il devait s'en trouver une au moins, sinon plusieurs, qui aurait voulu être à ma place. Il me paraît impossible que ce joli garçon ne fasse pas battre bien des cœurs féminins. Cependant, il est évident que vous ne lui connaissez aucun attachement sérieux; autrement, vous n'auriez pas risqué, ou de lui attirer des ennuis, ou de faire pleurer de jeunes yeux, ou encore de faire arracher les miens, en nous offrant ensemble à l'attention publique. Je vous le dis à l'oreille, chère gros'maman, vous avez été imprudente. Je ne vous le reproche pas, je vous en remercie.

Votre Jean, j'ai pensé à lui souvent depuis le dimanche, 11 août dernier. Ce jour-là, non seulement sa voix m'a émue profondément mais encore, j'ai été frappée de sa beauté. J'ai admiré sa haute taille, sa carrure, son beau nez droit — c'est si rare un vrai beau nez —, ses dents éclatantes de jeunesse saine, et je n'avais pas vu ses yeux. J'aurais été déçue s'ils avaient été de la couleur des miens. Heureusement, ils sont bleus «nuit d'hiver» et il rabat pardessus des paupières aux longs cils qui ne font pas pitié. Le sourire est rare... entendez le mot dans ses deux sens.

Chère gros'maman, je ne vous ai pas tout dit. Ce n'est pourtant pas faute d'avoir écrit et parlé. Quelle prolixité! Je vous conterai, dans une quinzaine, un petit accident de notre promenade du jour de Noël. C'est un peu long et j'ai déjà bavardé longtemps. Tant que les jeunes Berti seront à Québec, je serai souvent dérangée. Nous recevons leur visite plusieurs fois par jour. Grand-papa, tante Sylvie et la bonne Cati sont au service de ces jeunes sportifs. Le vestibule est encombré de leurs instruments: patins, traîneaux. Il y a pourtant une belle montagne à Montréal, avec de la neige dessus. À les entendre, la ville de Québec est le seul endroit du monde (de leur monde à eux) où l'on puisse vraiment se livrer aux sports d'hiver. C'est peut-être parce qu'ils peuvent impunément patiner sur le trottoir. Ils sonnent pour entrer se chauffer les mains, pour demander à boire; ils s'invitent à dîner; ils nous tiennent constamment sur le qui-vive. Nous ne nous en plaignons pas, car nous les aimons, mais nous commençons à être fatigués. Et puis, il y a le jour de l'an, les cadeaux, le grand dîner. Il faut absolument que j'oublie Saint-Jean-Port-Joli pendant quelques jours, que je me remette dans l'ambiance québécoise. Il me semblait que toutes les fêtes étaient passées!

Papa m'apporte à l'instant, de la librairie Garneau, plusieurs volumes parmi lesquels je choisis, pour vous les offrir, la dernière pièce de Rostand «Chanteclerc» et «Vieilles maisons, vieux papiers» de Lenôtre. Je suis sûre qu'ils vous plairont, chère madame.

Papa vous est reconnaissant du chaleureux accueil fait à sa fille. Il était tout ému en me recommandant de vous dire que le plus beau des jours qui lui restent à vivre sera celui où il vous reverra.

Nous vous souhaitons, pour la nouvelle année, tous les bonheurs imaginables, ainsi qu'à votre maisonnée. Si quelqu'un d'autre s'informe de moi, dites-lui que je garderai de ma courte visite à Saint-Jean un souvenir ineffaçable et que je n'ai pas de plus ardent désir que de le revoir bientôt.

Merci encore, merci mille fois, chère belle gros' maman, votre chère fille vous embrasse tendrement.

Sylvie

🙠

*Mme Tessier
à Mlle Sylvie Carrière*

Saint-Jean-Port-Joli, 4 janvier 1913

Ma chère Sylvie, j'ai reçu le volumineux paquet de livres, aujourd'hui même. Votre lettre l'a précédé de quatre jours, je le croyais perdu. Vous avez été trop généreuse, ma petite fille; je m'attendais de recevoir deux volumes, — c'était déjà beaucoup — et il y en a six. Je suis sûre qu'ils me plairont, choisis par des gens de goût tels que mon ami Jacques et sa savante fille. Je ne connais pas Lenôtre, mais Rostand, je l'aime depuis longtemps. Si vous avez jeté un coup d'œil sur ma bibliothèque, vous avez dû voir «Cyrano» et «Les Musardises». «Chanteclerc» même ne m'est pas inconnu tout à fait; j'ai découpé «l'hymne au soleil» quand il a paru dans «Le Soleil» de Québec, il y a quelques mois. Régina l'a collé dans mon «Scrapbook» où je le retrouve avec plaisir quand je suis à court de lecture. Je connais un beau jeune homme qui va l'apprendre par cœur votre

«Chanteclerc». Je me propose de le lui prêter la prochaine fois que je le verrai et ce sera bientôt, car je l'ai invité à venir dîner, le jour des rois, ainsi que Joseph Frenette.

Je ne pourrai pas écrire longuement, moi non plus, d'ici quelques jours. En ce moment, je suis tranquille parce que tout le monde est à vêpres*, mais je serai probablement dérangée par quelque visite. À la ville, il ne s'en fait plus beaucoup, je crois, de visites du jour de l'an. À la campagne, elles sont encore en honneur et la fête porte octave**. Le jour même, elles commencent de bonne heure le matin. Il n'était pas sept heures, cette année, quand les premiers enfants du voisinage sont venus chercher leurs étrennes, le sac d'école au bras. De mon lit, je les ai vus arriver en sautant dans les bancs de neige. Nous étions prêtes à soutenir le choc: il y avait une ample provision de cornets de bonbons sur le piano, sur la table de la cuisine, un grand cabaret comble de croquignoles et des pommes en veux-tu, en voilà.

Alice et Régina, qui m'épargnent la fatigue autant que possible, les ont reçus et expédiés vite et dru. J'entendais vaguement: «Fermez la porte... secouez vos pieds... faites pas de bruit... bonne et heureuse année... paradis à la fin de vos jours... vous pareillement... merci mam'zelle» puis claquer les gros baisers de mes filles sur les joues fraîches des tout petits. Je les ai vus partir du même train pour aller chez le Dr Simart, le notaire Dufour, madame

---

* Vêpres: office religieux célébré au coucher du soleil.
** Porter octave: durer huit jours.

La famille de François-Xavier Denis, notaire de 1903 à 1923.
En 1908, il acquiert la maison de madame Riverin.

Rivet, etc., et finir leur tournée par le presbytère où M. le curé leur donne des pièces blanches parce que, arrivés là, leurs sacs sont pleins à déborder.

Après la grand-messe, nos cousins, nos amis à divers titres et les gros habitants sont venus, à leur tour, nous «la» souhaiter bonne et heureuse. Mon Élie est marguillier, conseiller municipal, secrétaire du Conseil; c'est lui qui a fait les honneurs de la maison. Dans la petite salle, on avait mis une carafe de vin sur la table et des assiettées de croquignoles. Chez moi, on n'offre rien qui «gratte*». J'ai toujours, à la maison, une bouteille de cognac, par mesure de précaution, mais elle dure un an et, encore, j'en donne une bonne partie aux voisins

_____
* Gratter: faire une impression désagréable sur le sens du goût.

pour les malades. Élie passe à la ronde sa blague à tabac, conte des histoires, dit des blagues. On les enferme pour ne pas étouffer dans la fumée; seuls les éclats de rire passent à travers les portes. Jean, qui ne fume pas, s'est esquivé pour venir me demander si Mlle Carrière s'était rendue à Québec sans accident. Il craint que vous n'ayez attrapé un rhume pendant votre promenade avec lui car le thermomètre marquait 20° sous zéro vers le soir. Je l'ai rassuré et il n'a pas été question de corvée. Quand il m'a remerciée de lui avoir fourni l'occasion de passer un agréable après-midi, un éclair d'été a illuminé ses yeux d'hiver et un doux, doux, doux sourire a souligné sa moustache soyeuse. C'est beau la jeunesse!

Après les vêpres, ma fille, nouvelle affluence de visiteurs; le notaire D. et sa femme, le Dr S. avec la sienne, M. le vicaire, deux vieilles cousines, d'autres encore. Alice a fait du café et elle a sorti ses dernières réserves: les biscuits fins, les macarons et les bonbons de chez Winfield.

Tout de suite après le souper, nous avons dit notre chapelet, toutes lumières éteintes, en nous reposant. Régina dormait presque dans le fauteuil de la petite salle, Alice n'en pouvait plus et moi, qui n'avais pourtant pas fait grand-chose, je ne valais guère mieux. À sept heures et demie, tout le monde était au lit, sauf Élie qui était allé au presbytère, mais il avait emporté la clé.

Les visites du jour de l'an, c'est une vieille coutume canadienne bonne à conserver mais qui ne vient, heureusement, qu'une fois par année.

95

Les religieuses de Saint-Joseph-de-Saint-Vallier arrivées à Saint-Jean-Port-Joli en 1903: de gauche à droite, première rangée, les sœurs Marie-Théophane, Saint-Hilaire, Saint-François-d'Assise (supérieure), Marie-Mathilde, Louis-Joseph; deuxième rangée, sœurs Marie-Antoine (converse), Marie-Élisabeth, Saint-Louis, Marie-Juliette, Marie-Françoise et Bernadette (converse). Madame Tessier les reçoit à souper le soir de leur arrivée, le 18 août 1903.

Bon! j'entends sonner à la porte de devant. Alice n'est pas revenue de l'église, elle fait son chemin de la Croix après les vêpres. Une chance que Régina est ici et, encore, elle a bien failli ne pas y être. Comme elle revenait de chez Gérard, Mme Pellet l'a happée au passage. Ses histoires sont longues et elle n'a pas l'élocution facile, la bonne femme.

C'est Mère supérieure et Sr Ste-Thérèse qui viennent me rendre visite.

Lundi, 5 janvier

Chère fille, je vous ai quittée brusquement, hier, et Alice n'a pas voulu que je continue d'écrire après

Le vieux couvent de Saint-Jean-Port-Joli
peu après sa construction en 1903.

le départ des religieuses. Elle m'a dit sévèrement:
«C'est assez, gros'maman, vous vous rendrez
malade.» Il ne me restait plus qu'à obéir. Ça m'a fait
perdre le fil. Ah! oui, je voulais vous dire: Vous êtes
restée trop peu de temps à Saint-Jean, Sylvie. S'il y a
quelqu'un que vous auriez dû voir ici et entendre
parler surtout, c'est bien nos sœurs françaises. Elles
sont une élégance en même temps qu'une bénédiction pour notre paroisse. La détestable loi Combes
nous vaut le bienfait de leur présence. Elles viennent
de la Drôme, mais la mère supérieure et Sr Bernadette sont parisiennes. C'est une grande privation
pour moi de ne pas pouvoir les entendre parler tout
à clair. C'est de la vraie musique! ma chère enfant.

L'été prochain, Régina ira avec vous au couvent; vous les connaîtrez toutes.

Mme Rivet vous a trouvée charmante. Elle m'a conté, en grand mystère, que vous l'avez rejointe près du bénitier, après la messe de minuit, et que vous lui avez dit avec un beau sourire: «Joyeux Noël, madame Rivet». Elle en est restée toute saisie, ne s'attendant pas à ce que vous la reconnaissiez. Puis, vous l'avez aidée à descendre les marches du perron... Je l'ai crue sans peine, j'étais avec vous, ainsi qu'Alice et Élie, et nous l'avons ramenée chez elle en voiture. Elle perd un peu la mémoire, la chère vieille, et s'en rend compte parfois. Elle n'en est que plus sensible aux attentions des jeunes. Elle dit que vous avez de qui tenir pour l'amabilité! Vous vous souvenez, l'été dernier: «Les Carrière, les Carrière, les Carrière...» Elle n'en finissait pas. Eh bien! vous voilà dans ses bonnes grâces, à présent. J'en suis fort aise.

J'allais parapher sans vous remercier de vos bons souhaits. Ce n'est pas faute de vous en être reconnaissante et de vouloir du bien à mon ami Jacques et à toute sa famille. Tout ce que nous pouvons nous souhaiter de mieux, les uns et les autres, c'est que l'année 1913 passe sans nous apporter la guerre, c'est de nous retrouver tous en bonne santé et à Saint-Jean-Port-Joli aux vacances prochaines. Je serai heureuse de vous revoir, vous revoir, vous revoir, ma chère Sylvie, et de refaire connaissance avec votre père.

En attendant, écrivez-moi, vous ne m'avez pas tout dit.

V.A. Tessier

Mlle Sylvie Carrière
à Mme Tessier

Québec, 25 janvier 1913

Chère gros'maman,

Je reviens enfin! Vous n'avez peut-être pas trouvé le temps long depuis ma dernière lettre, vous aviez tant besoin de repos; mais moi j'étais impatiente de reprendre le porte-plume et je n'en ai pas eu l'occasion avant aujourd'hui.

Il faut vous dire, si vous ne l'avez pas appris par les journaux, que Madame Gustave Berti a reçu au «Château», mercredi dernier, l'élite de la société québécoise. Elle a de nombreuses relations à Québec, ma sœur Hélène. En premier lieu, ses compagnes de couvent, ses amies de jadis la revoient toujours avec plaisir; ensuite, la place de plus en plus importante que prend son mari dans le monde des affaires lui vaut de nombreuses invitations et lui crée des obligations auxquelles il lui serait impossible de se soustraire, sans nuire aux intérêts de Gustave, même si elle en avait le désir. Or, elle ne l'a pas, ce désir; elle est beaucoup plus frivole, plus mondaine que moi, ma sœur aînée, ma seconde mère. Par conséquent, elle ne peut pas quitter «l'Athènes du Canada» comme on dit modestement ici, en certain milieu (qui n'est pas le nôtre, je vous en avertis); elle ne quitte jamais, dis-je, le bon vieux Québec sans inviter ses amis et amies, de vieille et de fraîche date, à quelque grande réception, bal ou, comme cette année, thé, bridge et sauterie.

Quoique ce genre de distraction me laisse plutôt indifférente, je n'ai pas pu me dispenser d'aider ma sœur à s'acquitter de sa fatigante tâche d'hôtesse. J'espère m'en être tirée avec grâce et dignité. Mon devoir est fait, je passe à mon plaisir.

Je me retrouve, dans votre grande salle, au plafond bas reluisant de propreté, le jour de Noël après-midi. Par les deux fenêtres, aux rideaux amidonnés de frais, pénètre la blancheur dorée d'un beau jour d'hiver. Tout reluit dans la pièce: l'argenterie du buffet, le cadran de la pendule, les vitres de la bibliothèque... Un rayon de soleil se fraye un passage à travers les plantes vertes de la serre, à seule fin de faire reluire les yeux à demi clos de votre chatte d'Espagne, qui est étendue de tout son long dans votre fauteuil. Seule, la glace de l'étagère, placée à contre-jour, doit se contenter de refléter mon visage. Je viens de mettre ma toque, je l'incline sur l'oreille droite, je fais bouffer mes cheveux sur la gauche; je me crois seule avec la chatte, je ne vous ai pas entendue venir et je me mire avec quelque complaisance. Tout à coup, j'aperçois votre visage à côté du mien dans la glace. Vous souriez de ma coquetterie avec un grain de malice. Sans paraître le remarquer, je dis que je viens d'entendre sonner le *Magnificat* et que je veux être prête à partir afin de ne pas faire attendre M. Leclerc. Vous m'aidez à passer mon manteau et vous en levez le col d'un geste qui affecte d'être machinal. Vous voudriez bien que j'enfonce ma toque jusqu'aux oreilles, mais je résiste et, quand vous insinuez que je devrais emporter votre bon châle parfumé de camphre, par

Joseph Pelletier, maître de poste (de 1896 à 1911), et sa famille.
La dame à ses côtés serait sa deuxième femme, Sophie Lessard.
Derrière, de gauche à droite, Marie-Anne et Joseph-Ludovic
Pelletier, et Odile Lessard, nièce de Joseph Pelletier.

mesure de précaution, je juge cette précaution
inutile.

La porte s'ouvre, Régina entre. Elle est revenue
de l'église en voiture avec votre jeune ami, et me dit
qu'il ne peut pas venir à la maison parce qu'il doit
tenir sa pouliche qui est impatiente de partir. Je sors
précipitamment pour ne pas faire attendre la pouliche. Madame Pellet, Mlle Levrard, Delvina Duvallon (vous voyez que je me rappelle leurs noms)
passent à ce moment sur le trottoir. Elles s'arrêtent
sans vergogne pour me voir monter en voiture, en
me dévisageant chacune à sa façon: l'une, béate-

La maison de Joseph Pelletier, un jour de procession. Cette maison
était située entre celle de Xavier Lavallée (voisin de madame
Tessier) et celle d'Eugène Dumas (71, de Gaspé Est).
Pelletier fut maître de poste de 1897 à 1911: inutile
de mentionner ses opinions politiques...

ment; l'autre, en pinçant le bec; la troisième, en
accomplissant le tour de force de regarder à la fois
ma personne et le bout de son nez.

Mon beau cavalier a préparé ma place; sa frémis-
sante pouliche ne lui donne pas le temps de faire
des cérémonies. Il me pousse entre les deux peaux
d'ours bordées de languettes bleues et rouges, se
glisse auprès de moi, et nous voilà en route avant
qu'il ait eu le temps d'introduire sa deuxième jambe
dans la voiture. Nos bonnes commères restent plan-

Eugène Dumas, sa deuxième épouse
et leurs enfants, Gaspard et Régina.

tées, stupéfaites de la rapidité de l'enlèvement,
prêtes à crier au scandale.

L'élégant *sleigh** rouge glisse et crisse sur les
traces reluisantes des voitures qui reviennent des
vêpres, tiré avec entrain par Fanny, la pouliche isa-
belle** à queue et crinière blanche et brune. Son
jeune maître me confie qu'il l'a domptée lui-même,
qu'elle le connaît et obéit à son moindre signe. L'été
dernier, à peine âgée de trois ans, elle a gagné la
coupe aux courses des Trois-Saumons. Je lui en fais
mon compliment; il m'en remercie d'un sourire,
puis il fronce les sourcils et m'avoue qu'elle est un

---

* Sleigh: voiture d'hiver haute sur patins.
** Isabelle: jaune clair.

peu ombrageuse, mais qu'un mot d'encouragement suffit à la rassurer. S'il le désire, elle marche à pas mesuré comme un cheval de labour.

La fine petite bête trottait allègrement. Le gros du village était loin derrière nous. Les maisons devenaient plus espacées et plus éloignées de la route; on voyait les deux bords de la vallée du Saint-Laurent et le fleuve nous accompagnait. J'étais transportée entre deux montagnes bleues dans un pays enchanté. L'air était vif; le soleil déclinant faisait étinceler la neige et clignoter les yeux. Je restais sans paroles devant la beauté de ce qui m'entourait, infiniment émue et désireuse de voir durer ce moment rare. Mais la pouliche ne l'entendait pas ainsi. Littéralement, elle volait entre les balises vertes de la route, au-dessus des belles ombres bleues qui s'allongeaient sur son passage. Les guides bien en mains, mon cavalier murmurait: «doucement, la petite, doucement!» Sa voix me berçait agréablement mais ne calmait pas la petite. Comme nous arrivions en vue de la maison de son père et qu'il me désignait des cils, si l'on peut dire, en tournant à peine la tête, les bâtiments de la ferme, Fanny, qui obéissait au moindre geste — quand cela lui plaisait —, obliqua vivement à droite, enfila l'allée à une allure immodérée et ne consentit à s'arrêter qu'à la porte de son écurie. Il ne nous restait plus, pour l'instant, qu'à descendre de voiture. Notre ami, un peu décontenancé, m'expliqua que, s'il avait été seul, il l'aurait bien maîtrisée, mais qu'en ma compagnie il n'avait pas voulu risquer de verser dans un banc de neige; il ajouta: «Attendez une minute, que je la mette dedans; après, si vous voulez dire comme moi, on entrera se chauffer».

Les cheminées lançaient au ciel bleu de longues et fines bouffées blanches qui se coloraient légèrement aux derniers rayons du soleil. Lui, tout rond sur sa Laurentide, n'attendait pour plonger que le moment où je me retournerais pour le voir jeter un pont d'or de dix-neuf milles de long sur les glaces flottantes du Saint-Laurent. Je montais les marches du perron à reculons pour ne rien perdre du spectacle. Toutes les fenêtres du voisinage flamboyaient et, quand la porte s'ouvrit, un pan de flamme nous précéda dans la maison. Tante Louise, qui lisait en tournant le dos à la fenêtre, se leva précipitamment, tout ahurie de cette intrusion, en laissant tomber ses *Annales de la Propagation de la Foi*. Pendant que son neveu me présentait et la mettait au courant de notre mésaventure, M. Leclerc, père, qui fumait tranquillement sa pipe, en bras de chemise, devant la porte du poêle, au moment de notre arrivée, s'était esquivé pour endosser son veston. J'avais retiré mes gants et je présentais mes doigts à la chaleur du fourneau lorsqu'il reparut en tirant sur ses manchettes. Comme il venait de m'entendre nommer, j'ai voulu lui épargner l'ennui d'une nouvelle présentation et je lui ai tendu la main d'un geste vif en disant:

«Bonjour, M. Leclerc.

— Bonjour, mademoiselle...»

Vous auriez souri de son effarement, gros' maman. Il avait pris ma main dans la sienne et la tenait avec précaution, presque enfermée, comme s'il y avait senti battre un petit cœur d'oiseau. Après un instant d'hésitation, tout rougissant, il courba sa tête grise et mit sur le bout de mes doigts un baiser que n'aurait pas désavoué le Français le plus homme du monde. Le geste, venant de lui, n'avait rien de banal; il n'est pas dans les habitudes canadiennes. Un peu confus de son audace, tout d'abord, il s'était vite remis et me considérait de ses yeux bleus, plus hardis de beaucoup que ceux de son fils, en souriant malicieusement. Encouragé par mon air amusé, il dit, mi-plaisant, mi-galant:

«Vous êtes-vous trouvée bien menée, mademoiselle? J'avais averti Jean qu'il ferait mieux de ne pas sortir la pouliche; il n'a pas voulu m'écouter, comme de raison. Pour faire le faraud* avec une jolie fille à côté de lui, y avait pas d'autre cheval assez fringant à l'écurie. À présent que je vous connais, j'peux pas le blâmer; à sa place, j'en aurais fait autant. Ben, mon garçon, t'as montré ce que ta pouliche est capable de faire, j'te conseille de prendre le vieux ch'val pour reconduire mam'zelle Carrière, y a pas de d'danger qu'il parte en peur çui-là».

Tante Louise tirait de l'armoire vitrée son service à thé des dimanches. Vivement la nappe a été mise, la vaisselle étalée sur la table, une assiettée de croquignoles trônant au milieu, et la bombe-bouilloire de son bec en sifflet a versé de l'eau en ébullition dans la théière de nickel. M. Leclerc, père, avait regagné sa place et rallumait sa pipe avec un tison.

---

* Faraud: fanfaron, prétentieux.

Tante Louise m'a débarrassée de mon manteau, l'a porté dans sa chambre et caressé de la joue en le déposant sur le pied du lit, Jean a jeté son paletot sur une chaise et nous nous sommes attablés, en tête à tête, pour boire notre café brûlant et croquer une branche de croquignole. Tante Louise ne voulait rien prendre, pour ne pas gâter son souper, disait-elle. Elle s'est excusée de ne pas m'avoir fait passer au salon: si elle en avait ouvert la porte d'avance; une demi-heure suffit pour qu'il y fasse bon. Il y a longtemps qu'on se propose d'installer le chauffage à eau chaude, on retarde toujours; à vrai dire, pour le moment, ça ne presse pas. Quand Petit se mariera, il faudra bien se décider à faire quelques améliorations. Je voyais notre Jean baisser la tête, je piquais un feu*. J'ai dit pour détourner la conversation:

«Vous l'appelez «petit» ce gaillard-là, il doit mesurer près de six pieds».

Toute surprise de ma naïveté, elle a repris avec animation:

«Mais, ça se dit tout seul, chère demoiselle, grand ou non, je l'ai élevé, sa mère est morte il n'avait pas quinze jours, c'est comme s'il était mon enfant... Étant le dernier de la famille, il a gardé en grandissant son petit nom d'amitié... Je peux bien l'aimer, allez; si vous saviez comme il est attentionné! La jeune fille qui l'aura sera bien chanceuse, sans vouloir rien dire de trop: un garçon qui est bon pour sa mère est bon pour sa femme. Mais... il n'est

---

* Piquer un feu: rougir.

pas marieux; c'est vrai qu'il est encore jeune, il vient d'avoir vingt-deux ans, il a le temps de changer d'idée».

— «Ma tante, je t'en prie, change de propos», implora notre Jean et, pour prévenir toute récidive, il se leva en disant:

«Mlle Carrière a eu le temps de se chauffer; j'attelle le vieux cheval, puisqu'il le faut, et je la reconduis chez Mme Tessier. Je suis invité à souper; soyez pas inquiets, à neuf heures je serai de retour».

Tante Louise ne pouvait pas me laisser partir sans me montrer son salon. Elle ouvrit la porte toute grande pour m'en faire admirer les dimensions et les beaux meubles de noyer sculpté, capitonnés de crin noir, qui viennent de leur oncle le curé. Il était là, l'oncle — en peinture — dans le trumeau*, le bréviaire à la main, son double menton étalé sur le rabat noir liseré de blanc.

Petit entrait prendre son paletot. La voiture était à la porte. J'ai pris congé de tante Louise et de M. Leclerc en les remerciant de leur gentillesse.

Nous avons eu le temps de nous installer confortablement dans le beau *sleigh* rouge. Le vieux cheval, les oreilles basses, une couverture sur le dos, tournait la tête pour voir où nous en étions de nos préparatifs et attendait patiemment l'ordre de se mettre en route. Quand vint le «marche, Castor» de son jeune maître, le brave animal donna un coup de collier dont nous avons senti douloureusement le

---

* Trumeau: partie du mur compris entre deux fenêtres ou deux portes.

contre-coup dans la voiture et, pour montrer sa bonne volonté, il partit au grand galop en secouant frénétiquement sa bande de grelots. On entendait ricaner la pouliche dans l'écurie. Cependant, vers le milieu de l'allée, notre Castor s'était déjà mis prudemment à l'amble et il se mit résolument au pas dès qu'il eut gagné la grande route. Le soleil était couché depuis une demi-heure, les premières étoiles s'allumaient au ciel et, comme l'a remarqué notre ami, elles ne jetaient pas beaucoup de chaleur. Le pauvre cheval s'ébrouait, toussait, toute la tête blanche de frimas, le pas court à faire croire qu'il allait s'arrêter. Le fouet était bien là, dans sa gaine, mais mon compagnon jugeait inutile de s'en servir; il savait à qui il avait affaire.

J'avais enfoncé ma toque, je vous prie de le croire, gros'maman; je regrettais d'avoir refusé votre bon châle; mon mignon manchon ne me protégeant le visage que d'un côté à la fois, je commençais à craindre d'attraper mon coup de mort. Discrètement, mon cavalier servant passa un bras derrière ma tête et remonta sur mon épaule gauche la lourde couverture que je ne parvenais pas à y retenir, en disant d'une voix contenue (contenue au point d'en paraître tendre et qui n'était peut-être que timide):

«Si vous me le permettez, mademoiselle, je la tiendrai pour l'empêcher de glisser».

Je «grillais*» d'accepter, si je puis m'exprimer ainsi. Pour ne pas paraître trop égoïste, j'ai fait mine d'hésiter et j'ai répondu:

---

* Griller: brûler d'impatience.

Saint-Jean-Port-Joli vu de l'est au début du xxᵉ siècle.

«Je n'ose pas, vraiment, vous imposer cette fatigue, d'autant plus que, si vous immobilisez votre main, elle va sûrement geler».

— N'ayez crainte, j'ai de bonnes mitaines de cuir doublées de peau d'agneau avec toute sa laine; seulement, je serai forcé de renifler, n'ayant plus de main pour me moucher; ce n'est guère élégant. Approchez-vous un peu plus, mettez votre tête sur... sur mon capot, vous vous en trouverez bien».

Froidement ironique, la lune sortait d'un nuage et se piquait à la fine pointe d'une épinette pour mieux jouir de mon embarras. Je lui ai jeté un regard de défi et, résolument, j'ai caché mon visage au creux de l'épaule du... capot de chat sauvage. Il était temps; mon mouchoir n'était plus qu'une boule de glace et mes yeux se liquéfiaient.

Xavier Lavallée, fils de Narcisse, sa femme, Corinne Gilbert,
et leurs enfants: sur la galerie, Joseph, Eugénie et Henri; devant
la galerie, Maurice, Régina et Émile. Cette famille déménage
à Saint-Aubert en 1907. Leur maison, la première à l'est
de celle de madame Tessier, n'existe plus aujourd'hui.

Peu à peu, le bras charitable, fatigué d'être tendu, resserrait son étreinte et une douce chaleur m'envahissait. Castor allait péniblement au pas, mais mon esprit trottait. Les plus folles idées me passaient par la tête. Je croyais sentir battre contre ma joue le cœur de votre Jean, gros'maman, quand, en réalité, je ne pouvais percevoir que le rythme de sa respiration accentué par son reniflement continuel. Je supputais le prix de ce bienheureux capot qui me tenait au chaud par cette température sibérienne. Je

111

me demandais combien de pauvres chats avaient donné leur sept vies pour sauver la mienne, ce soir-là, et me procurer la joie de reposer sur le cœur du plus joli garçon de la province de Québec.

En apercevant les premières lumières du village, Castor avait compris qu'il devait hâter le pas. Je m'étais redressée, mon cavalier avait retiré lente-ment son bras engourdi et tourné son visage de mon côté. Son bonnet de fourrure et le col de son paletot étaient couverts de givre, le sourire était figé sous sa moustache blanche, mais ses joues, son beau nez étaient rouges et tout un firmament d'étoiles brillait entre les cils alourdis de glaçons minuscules.

Castor, en cheval d'expérience, avait décidé de ne pas nous conduire à votre porte principale, crai-gnant, sans doute, de ne pas pouvoir tourner facile-ment sa voiture à cause de la coupe du trottoir. Il avait pris la montée qui mène directement à l'écurie de votre voisin où il savait trouver abri. Son maître lui avait fait comprendre qu'il devait s'arrêter un instant à la porte de service pour me permettre de descendre; un pas de plus et nous y étions. À ce moment, M. Narcisse Duvallon, qui nous avait guet-tés, sortit de chez lui, sa lanterne à la main. Un jet de lumière donna dans les yeux de notre Castor qui fit un seul bond de côté, mais un bon, enfonça dans la neige molle jusqu'au poitrail et tomba les quatre fers en l'air en se débattant pour en sortir. Il entraî-nait dans sa chute, comme on pouvait s'y attendre, le beau *sleigh* rouge et ses occupants.

Le père Duvallon avait déposé sa lanterne sur le perron et riait aux larmes, la bouche fendue jusqu'à ses petits favoris frisés. D'une voix entrecoupée de joyeux râles, il se mit à crier:

«Torrieu! mes amis, pour une culbute, c'en est une!... vous avez rien de cassé, j'espère... en v'là une manière d'arriver aux portes! Attends, que je t'aide à dételer ta pouliche...»

Il s'essuyait les yeux du revers de ses mains bleuies par le froid, par-dessous la visière de son «casque à palettes*». Son gros ventre lui sautait au menton.

Nous n'avons pas été lents à nous remettre sur pied. J'ai secoué la neige de mon manteau et glissé à l'oreille de Jean:

«N'en parlons pas, ce soir à madame Tessier».

Comme j'entrais dans le tambour, j'entendais le bonhomme, qui n'avait pas fini de rigoler, dire en graillant:

«Si vous étiez «eusses» morts là!»

Voilà, chère bonne amie, la relation exacte de ma petite aventure. Je suis bien sûre que vous en avez appris le dénouement tout de suite après mon départ: les Duvallon ont dû s'empresser d'en régaler le voisinage. Je tenais à vous en faire connaître toutes les circonstances afin que vous deviniez ce qu'il me reste à vous dire et pour m'en faciliter l'aveu.

Gros'maman, je l'aime!

Sylvie

---

* Casque à palettes: coiffure d'hiver garnie d'une visière et de deux autres «palettes» qui se rabattent pour cacher les oreilles.

Mme Tessier
à Mlle Sylvie Carrière

Saint-Jean-Port-Joli, 1er février 1913

Vous aviez raison de dire, ma chère enfant, que j'ai été imprudente. Vous ne me le reprochez pas, mais, moi, je me juge sévèrement. À soixante-huit ans, être moins clairvoyante qu'une jeune fille de vingt-deux ans, c'est humiliant pour la vieille grand-mère!

J'ai de bonnes excuses: je voulais vous recevoir de mon mieux, rendre votre court séjour dans notre cher Saint-Jean aussi agréable que possible. Vous l'aviez vu par un beau jour d'été, je désirais vous donner une idée de ses plaisirs d'hiver et procurer en même temps à mon Jean la satisfaction de faire voir à une personne capable de les apprécier en connaisseuse la fine petite bête dont il est fier et son joli *sleigh* rouge garni de ses robes de fourrures. J'étais loin de penser que votre promenade prendrait cette tournure extraordinaire et provoquerait tant de commentaires, commentaires dont il ne faut pas exagérer l'importance d'ailleurs. Ce qui m'inquiète, c'est l'aveu que vous me faites en terminant.

Inutile de vous dire que ce n'est pas notre jeune ami qui m'a mise au courant du qu'en dira-t-on, il a bien trop de délicatesse pour cela. Quand il est venu, le premier de l'an, s'informer de votre santé, il n'a pas fait la moindre allusion à ce que je savais aussi bien que lui. J'ai imité sa réserve. Il y avait, ce jour-là, trop de monde à la maison, et vous ne

114

m'aviez encore rien dit: j'attendais votre version pour me former une opinion sur la portée de l'incident.

Vous avez eu raison de prévoir qu'il y aurait du bruit dans notre Landerneau*. Non seulement on s'est amusé de votre petit accident, mais encore on s'est demandé, dans le voisinage de notre Jean, ce que vous alliez faire chez son père, le jour de Noël dans l'après-midi. À la campagne, quand un jeune homme conduit, en grand appareil et par un beau jour de fête, une jeune fille chez ses parents, on est porté à croire qu'il est question de mariage entre eux. Il l'emmène visiter «les lieux», comme on dit, afin que l'accord puisse se faire en toute connaissance de cause et que l'union projetée ne manque pas «aux arrangements».

Aussitôt après votre départ, ce jour-là, les petites Bellanger sont allées aux informations. Elles n'ont pas eu de peine à faire parler tante Louise qui était encore toute chaude d'admiration pour votre belle façon et votre manteau de *seal***. Pour s'excuser de son enthousiasme, elle a dit en riant, désignant le père Leclerc du doigt:

«Ce vieux fou-là n'a pas pu s'empêcher de lui baiser la main. Il est vrai que la demoiselle a des mains comme il n'y en a pas beaucoup: on voit bien qu'elle est pas accoutumée à la grosse ouvrage».

---

* Landerneau: village de France qui a donné son nom à l'expression «faire du bruit dans Landerneau», piquer la curiosité avec une nouvelle sans importance.
** Seal: phoque ou loup-marin.

Il y a eu aussi les remarques plus ou moins mali-
cieuses des commères — des deux sexes — qui ont
vu Jean faire le «bras croche*». Autrefois, à la campagne, c'était l'attitude obligée des mariés qui revenaient, en voiture, de leur messe de mariage.
L'usage s'en perd, on adopte de plus en plus les
manières de la ville; mais, de nos jours, en hiver, il
arrive souvent qu'on voie passer des couples ainsi
enlacés. L'obligation de se garantir du froid justifie
cette pose familière. Il n'y a pas de quoi fouetter un
chat. Ce qui a fait jaser, c'est la surprise; on vous
voyait pour la première fois; c'est votre élégance,
c'est la parfaite convenance de votre taille à celle de
votre cavalier. Madame Pellet a demandé tout naïve-
ment à Régina:

«Dites-moi donc, mam'zelle Régina, mame
Tessier a-t-elle l'intention de faire un mariage entre
ces deux-là?»

C'est ce mot magique «mariage» qui est venu à
l'esprit de tous ceux qui vous ont vus passer. Moi-
même, en vous regardant partir, j'ai dit à Alice, qui
était à la fenêtre avec moi:

«Quel beau couple! Comme ils sont bien
assortis!»

Chère fille, j'hésite à vous rapporter les taquineries que mon Élie et Joseph Frenette ont servies à
notre jeune ami pour son dessert, le jour des rois.
Réflexion faite, puisque j'ai beaucoup à me faire
pardonner, je vous dois une confession générale. Je

---

* Faire le bras croche: mettre le bras autour du cou ou des épaules.

tiens à vous dire, toutefois, que ce sont propos en l'air et qu'ils n'iront pas plus loin.

Les compères ont fait semblant de croire que votre petite aventure n'était pas due au hasard, que Jean l'avait préparée afin d'être le plus longtemps possible en votre compagnie.

Votre nom n'avait pas été prononcé, mais tout le monde pensait à la reine que vous auriez été à ma table, ce jour-là, et à la promenade mouvementée qui défrayait, depuis 15 jours, la conversation des gens de la paroisse. Joseph Frenette savourait sa bonne salade de fruits et semblait à cent lieues de toute autre préoccupation lorsqu'il parut soudainement frappé d'une idée. Il se mit à dire:

«J'y pense, là, Jean... ta pouliche, tu prétends être capable de la mener et ramener à volonté... dans ce cas-là, c'est ta faute si elle a enfilé l'allée au lieu de passer tout droit devant chez vous».

Avant que notre petit gars, estomaqué, ait eu le temps d'avaler sa bouchée, Élie, à son tour, attaquait:

«Ton père badinait, aussi, quand il t'a conseillé d'atteler le vieux cheval; il ne fallait pas le prendre au mot. Vous avez cinq chevaux d'écurie, il était facile d'en trouver un qui a le pas un peu plus long. Ça t'aurait exempté de retourner chez le père Duvallon. Avoue donc que tu voulais prolonger ta promenade sentimentale au clair de lune».

Et Joseph revenait à la charge:

«Tu fais bien de te pousser, Jean; si j'avais tes moyens, moi, je n'céderais pas ma place à d'autres».

Et mon Élie, le bout du nez frétillant, renchérissait:

«Ce que tu as de mieux à faire, à présent, mon garçon, c'est de battre le fer pendant qu'il est chaud; monte à Québec faire la grand'demande».

Impitoyable, Joseph ajoutait d'une voix suave:

«Tu as justement besoin de quelqu'un pour aider ta tante à traire les vaches...»

Je leur faisais signe de se taire, de ne pas insister, mais vainement; ils étaient lancés. Notre Jean, une légère rougeur aux tempes, avait souri au début; mais, à la fin, il était sérieux comme un pape. J'étais fatiguée, mécontente; la dernière bouchée dans le bec, j'ai levé la séance pendant que mes deux haïssables tiraient le bouquet* en s'écriant *allegro vivace*.

— On ira danser à ses noces, pas? Joseph.

— On ira si on est invité.

— Si on n'est pas invité, on ira en survenants.

J'ai emmené Jean dans la grande salle, avant la fin de la dernière fusée. Ils ont eu toute la liberté de se réjouir, tout en fumant, du succès de leur petite comédie.

J'ai demandé pardon à mon jeune ami de lui avoir attiré — bien involontairement, Seigneur! — ces propos déplacés. Il m'a répondu gentiment:

«Il n'y a pas d'offense, madame. Soyez tranquille, je peux endurer les plaisanteries plus ou moins bien intentionnées de mes amis sans sortir de mon caractère. Ils auraient voulu être à ma place, c'est aisé à voir. Tout ce que je demande, c'est que ces propos ne parviennent pas aux oreilles de Mlle Carrière; elle pourrait croire que j'y suis pour quelque chose.

---

* Tirer le bouquet: lancer la dernière pièce d'un feu d'artifice.

Pour moi, je suis content, je ne donnerais pas mon après-midi de Noël pour bien de quoi.»

J'ai souri et laissé tomber le sujet. J'avais mon «Chanteclerc» tout près. Jean alla dans l'entrée glisser le volume dans la poche intérieure de son désormais fameux capot de chat, revint s'asseoir en face de moi, dit quelques mots de la température en regardant distraitement au dehors, puis s'absorba dans ses pensées au point de n'avoir plus conscience de ma présence. La voix moqueuse de Joseph Frenette le tira de sa rêverie:

«Voyons, voyons, Jean, c'est pas poli ce que tu fais là, mon vieux. Demande pardon à madame Tessier, remercie-la de son bon dîner et viens-t-en chanter les vêpres.»

J'ai tout dit: du moins, je le crois. Je voudrais bien avoir épuisé le sujet et qu'il n'en soit plus question. J'espère que mon imprudence n'aura pas de conséquences graves ni pour vous ni pour d'autres. Soyez raisonnable, ma petite Sylvie. Je conçois que vous ayez eu un moment d'émoi, que votre esprit ait trotté, excité par le piquant de l'aventure; mais vous avez eu le temps de vous ressaisir depuis plus d'un mois que vous êtes retombée dans votre milieu. «Loin des yeux, loin du cœur», dit le proverbe. Vous n'avez pas la romanesque veuve Tessier, là, pour faire le pont entre vous et votre bel ami, vous pouvez mieux mesurer la distance qui vous sépare de lui. C'est bien dommage qu'elle soit presque infranchissable; il est digne d'être aimé d'une reine!

Faites vos réflexions, chère enfant. Si, malgré tout, vous persistez dans vos dispositions présentes, confiez-vous à votre bon père. Il doit être meilleur juge que moi en matière de convenances. Mon long séjour à la campagne m'a appris à ne pas leur accorder assez d'importance, peut-être, à considérer le mérite personnel des gens plutôt que leur rang social. Votre père vous aime, il sera indulgent et saura mettre les choses au point. Ce sera un grand soulagement pour moi de le savoir au courant de ce qui s'est passé.

Votre amie sincère,

V.A. *Tessier.*

Mlle Sylvie Carrière
à Mme Tessier

Québec, 15 février 1913.

Imprudente et romanesque veuve Tessier! gros' maman pour les intimes. Si j'ai bien compris, cher Ponce Pilate aux jolies mains potelées, vous voudriez dégager votre responsabilité du petit incident qui s'est produit au cours de ma visite à Saint-Jean, ainsi que du pauvre roman d'amour qui n'existe pas, hélas! pour le moment, que dans votre imagination et la mienne. Rassurez-vous, elle n'est pas bien lourde cette responsabilité; vous en porterez aisément le faix sans l'aide de votre ami Jacques. Vous n'avez rien à vous reprocher, chère madame, vous ne pouviez pas prévoir ce qui est arrivé. Ne vous fatiguez pas l'esprit à imaginer des complications qui ne se présenteront peut-être jamais et permettez-moi d'attendre, pour mettre mon père au courant de mes affaires de cœur, que j'aie quelque chose de précis à lui confier. Si je me décidais d'aborder le sujet, en ce moment, voici tout ce que je pourrais dire:

«J'aime depuis cinq mois un jeune homme que j'ai vu de profil et à la dérobée, pendant la grand-messe, à Saint-Jean-Port-Joli, l'été dernier. Lui, tout à son devoir de chrétien et de chanteur, ne m'a même pas vue et n'avait jamais entendu parler de moi avant de m'être présenté par madame Tessier, au réveillon de Noël. Il est cultivateur. Penses-tu que je ferais une mésalliance en l'épousant?»

Papa croirait que je veux plaisanter; il me regarderait par-dessus ses lunettes et dirait:

«Est-ce qu'il t'a demandée en mariage?»

À mon grand regret, je serais obligée d'avouer qu'il n'y a pas même pensé, et papa dirait en souriant ironiquement:

«Attendons que le fait se produise; nous verrons alors ce qu'il faudra décider», ou quelque chose d'approchant.

Ce qui presse le plus, gros'maman, c'est de m'assurer des sentiments de votre jeune ami. M'aimera-t-il? Tout est là. Soyez tranquille, je ne me propose pas de me jeter à sa tête — pour le moment du moins, —, je veux être patiente et me conduire en jeune fille réservée. Je compte beaucoup sur notre séjour à Saint-Jean, l'été prochain, mais, jusque-là, je vous en supplie, continuez à faire le pont entre nous. S'il allait m'oublier complètement, tout serait à recommencer. Je bénis vos deux mauvais plaisants, ils ont travaillé pour moi; mais il ne faut pas qu'ils persistent à taquiner le pauvre «petit». Vous seule avez assez de doigté pour me rappeler, de temps en temps, à son souvenir sans compromettre ma cause. C'est une bien petite flamme qu'il s'agit d'entretenir; un faible souffle l'empêchera de mourir et pourra aussi la ranimer; une brise, même légère, risquerait de l'éteindre.

C'est vous qui êtes dans le vrai, gros'maman, il ne faut pas accorder une importance exagérée aux conventions sociales. Sans les dédaigner, vous les remettez à leur place et vous comprenez mieux que la plupart des cultivateurs eux-mêmes la noblesse de leur condition. Bien que j'aspire à devenir le modèle des fermières; que je me rende compte de la dignité du titre que j'ambitionne; que j'apprécie pleinement les avantages de la vie au grand air, vous vous doutez bien, n'est-ce pas? que je ne voudrais pas épouser n'importe quel habitant. Par exemple, je crois bien que je ne pourrais jamais me décider de partir pour l'Abitibi, quoique j'admire beaucoup celles qui ont le courage de le faire. Et encore, je n'en suis pas sûre. Tout dépendrait, évidemment, du sentiment que j'éprouverais pour celui qui me demanderait d'y aller avec lui. Mais il n'en est pas question pour le moment puisque celui que j'aime est de Saint-Jean-Port-Joli,

«Endroit célèbre au loin et pays pas trop bête...»
(poète local)

qu'il est l'héritier d'un beau bien de famille, d'une

grande maison au bord d'un grand fleuve, qu'il a de l'instruction, de la délicatesse, un charmant caractère, une voix bouleversante, et qu'il est beau comme un cœur! Franchement, dans les dispositions où je suis, il pourrait me demander d'aller passer — avec lui — quelques années au troisième rang de Saint-Aubert, dans sa cabane à sucre, que j'accepterais avec enthousiasme.

Si je me souviens bien, chère madame, vous avez jadis conseillé la petite déracinée que je suis de se repiquer bien vite en pleine terre; je suis prête à suivre votre conseil. Je sens profondément le besoin de me transplanter. Les sociologues ont raison de dire que l'atmosphère des villes est déprimante, que les races les plus vigoureuses s'y étiolent à la longue. Savez-vous bien que les Carrière ont abandonné le mancheron de la charrue depuis, déjà, trois générations?

Papa, pour sa part, a toujours regretté d'avoir quitté Saint-Jean-Port-Joli. Il dit souvent que, s'il pouvait recommencer sa vie, il l'orienterait de façon différente. Il a parlé bien des fois de racheter la terre de sa famille et d'aller finir ses jours dans la maison paternelle. Quand il a des ennuis à son bureau ou quand son foie ne fonctionne pas très bien, il va plus loin: il prétend qu'il ne mérite pas son pain quotidien, que le cultivateur seul peut manger le sien en toute sécurité de conscience.

Toute part faite de l'exagération due à sa mauvaise digestion, je le crois sincère. Je suis persuadée qu'il ne verra pas mes projets d'un mauvais œil, surtout lorsqu'il connaîtra notre jeune ami. Je voudrais bien qu'il le voie avant l'été prochain. Si Jean est aussi digne que vous le dites d'être aimé d'une reine, il faut que je prenne les devants, que je m'assure de lui avant que les reines s'en avisent et se mettent en marche pour venir me l'enlever.

Je me méfie aussi des bergères. Dites-moi, les petites Bellanger, qui vont aux renseignements chez M. Leclerc avant tant de sans-gêne, ne sont-elles poussées que par la curiosité?

Chère gros'maman, surveillez mes intérêts et... parlez-moi de lui. Je vous embrasse affectueusement.

S.C.

Mme Tessier
à Mlle Sylvie Carrière

Saint-Jean-Port-Joli, 25 février 1913.

Ah! chère enjôleuse, il faut donc en passer par ce que vous désirez et, à mon âge, jouer un rôle de vestale*. Il est vrai que si je n'ai pas la sveltesse attribuée à ces jeunes prêtresses par l'image du Petit Larousse, j'ai presque l'innocence exigée pour l'emploi: il y a si longtemps que je suis veuve!

Bien! je vais essayer de le conserver ce feu sacré, ma petite fille; je crois que ça ne sera pas trop difficile.

---

* Vestale: chez les Romains, prêtresse de Vesta qui entretenait le feu sacré et était astreinte à la virginité.

De ma fenêtre, je vois souvent passer notre jeune ami depuis quelques semaines, mais je n'ai pas souvent l'occasion de causer avec lui. Il se dépêche de charroyer son bois de chauffage pendant que les chemins sont encore durs; quand viendra le dégel, ça ne sera plus possible et la saison sera venue d'entailler les érables. Tous les jours de beau temps, je le vois revenir de Saint-Aubert, au commencement de l'après-midi, conduisant ses deux traînes à bâtons chargées d'érable, de merisier ou de bouleau. En bon habitant, il fait le trajet à pied, soucieux de ménager ses chevaux. Le «paletot de racoon» serait trop lourd pour une aussi longue marche, il porte un pardessus d'étoffe du pays*, gris fer, serré à la taille par une ceinture rouge. En passant, il me fait un large salut de la main avec un beau sourire tout radieux de jeunesse. Il est, des fois, deux heures de relevée** et le pauvre gars, parti pour le bois au petit jour, n'a pas encore dîné. Je suis sûre que tante Louise tient son repas au chaud sur le coin du fourneau et qu'il est appétissant. Son Petit peut le manger sans remords, il l'a bien gagné... lui!

Pour apaiser les scrupules hépatiques de mon ami Jacques, dites-lui donc que son père a été beaucoup plus que lui responsable de son infidélité à la terre. Il était pourtant homme d'esprit et de jugement, votre grand-père. Très attaché au sol, il travaillait aux champs, par goût, quand les devoirs de sa

---

* Étoffe du pays: étoffe artisanale.
** Deux heures de relevée: deux heures de l'après-midi.

profession lui en laissaient le loisir; et, par une inconséquence qu'il aurait vite remarquée chez autrui, il présentait à ses fils comme une punition ce qu'il aurait dû leur proposer en récompense. À la moindre incartade, il les menaçait de les retirer du collège et de les faire cultiver sa terre. On peut se demander comment il aurait agi si votre père ou votre oncle Gilbert avait été chassé de ce paradis terrestre qui s'appelle le Collège de Sainte-Anne-de-la-Pocatière. Je suis sous l'impression que, le lendemain, il aurait attelé Suzette au cabrouet* et conduit le coupable au séminaire de Québec.

Tout en écrivant, il me revient un petit fait que je croyais sorti de ma mémoire pour toujours. Je me rappelle qu'une année le beau Jacques Carrière, alors étudiant en droit, avait fait sensation à Québec quand, par un clair soleil de mai, il avait paru sur la terrasse Frontenac, à l'heure où tout le beau monde était à la promenade, vêtu d'un complet gris pâle de flanelle du pays. Comme le «moine» faisait valoir l'habit, tous ses amis voulurent en avoir de semblables et bientôt on ne trouva plus assez d'étoffe à Saint-Jean-Port-Joli pour contenter tous le demandants. Rappelez à mon ami Jacques cette jolie réclame faite aux habiles tisseuses de son village. Le souvenir de sa bonne action adoucira peut-être ses regrets.

Je suis persuadée que les jeunes Bellanger ne travaillent pas pour leur propre compte; elles vont

---

* Cabrouet: voiture d'été, légère, à deux roues servant au transport des personnes.

encore à l'école; mais il peut se faire qu'elles surveillent les intérêts de quelqu'une de leurs sœurs. Elles sont six; il peut s'en trouver une ou deux qui prétendent à fixer le choix de notre Jean, vu qu'il est le meilleur parti de la paroisse et assez bien de sa personne*, comme vous l'avez probablement constaté. Il me revient vaguement que Pauline, celle qui est institutrice par en haut, lui a déjà fait les yeux doux. Elle est son aînée de deux ou trois ans; il n'a pas paru encourager ses avances. Ce dont je suis sûre, c'est que tante Louise serait bien contente d'avoir l'une ou l'autre de ces jeunes Bellanger pour bru. Elle les connaît depuis leur enfance, les sait intelligentes, travailleuses et accoutumées à la besogne d'habitant.

Chère enfant, réfléchissez avant de vous élancer vers une autre destinée. Consultez non seulement votre cœur et votre courage, mais aussi vos forces. Ma Régina est fille de cultivateur, elle a été élevée à la campagne, et néanmoins elle a refusé d'épouser un habitant «en moyens» qu'elle estimait beaucoup, parce qu'elle ne se sentait pas capable de le seconder efficacement. Réfléchissez, Sylvie, réfléchissez.

Vous vous dites sans doute: «Cette gros'maman devient bien ennuyeuse, elle fait des objections pour se racheter d'avoir été imprudente.» Il y a du vrai là-dedans; c'est pourquoi je vous parlerai un peu de «lui» afin de vous laisser sur une plus agréable impression. Je l'ai vu dimanche, un tout petit moment, sa voiture l'attendait à la porte. Ma chère, il n'ose

---

* Bien de sa personne: beau, agréable.

plus prononcer votre nom, on dirait qu'il lui brûle les lèvres; il ne veut pas non plus dire «elle», alors il appelle Rostand à son secours. En me remettant mon «Chanteclerc», il m'a demandé avec un petit air dégagé — il croyait ne pas y toucher — :

«Votre faisane a-t-elle l'intention de venir à Saint-Jean, à Pâques?»

J'ai répondu du tac au tac:

«Je ne le crois pas, mon beau coq.»

Il a paru embarrassé et ravi du qualificatif, mais déçu du renseignement.

Malgré le plaisir que nous aurions tous de vous revoir, chère Sylvie, je crois que, dans les circonstances, vous avez raison d'attendre l'été pour nous enchanter de votre gracieuse présence. Cela ne veut pas dire nécessairement que l'occasion ne s'offrira pas, d'ici là, de présenter notre jeune ami à son futur beau-père.

Il y a une Providence pour les amoureux.

V.A. Tessier

Mlle Sylvie Carrière
à Mme Tessier

Québec, 5 mars 1913.

Chère madame,

Je connais la bonne Providence qui permettra à M. Jacques Carrière de faire connaissance avec son futur gendre. Elle se nomme gros'maman Tessier.

J'ai confiance. Je ne vous demande pas comment vous vous y prendrez pour amener cette heureuse rencontre... sans avoir l'air d'y toucher, naturellement. Avez-vous remarqué que tout se passe ainsi dans notre petite intrigue? Nous procédons par touches légères. C'est une toile d'araignée qui se tisse autour de notre beau coq. Il faudra qu'il y mette de la bonne volonté s'il se fait prendre et, surtout, s'il reste pris. Il lui suffirait d'un léger coup de bec pour se dégager, et nous en serions pour nos frais de délicatesse*.

Quand l'occasion s'en présentera, chère madame, dites à M. Jean Leclerc que je ne suis pas la cérébrale qu'il pense. En général, je n'aime pas les comparaisons et ce n'est pas pour en faire des applications que je vous ai offert le chef-d'œuvre de Rostand; c'est parce qu'il y parle de la campagne en beaux vers du plus haut idéalisme. Je n'ai qu'un seul trait de ressemblance avec la faisane: comme elle, je voudrais «dans son âme être seule». Je n'ai pas l'ambition d'être plus pour lui que l'humble poulette grise, mais votre Jean peut être sûr que je ne m'éprendrai jamais du coucou de la cuisine. Faites-le-lui comprendre, sans appuyer, cela va sans dire.

Votre Régina, chère madame, ce n'est pas parce qu'elle ne s'est pas sentie assez robuste pour les travaux rustiques qu'elle n'a pas voulu de son habitant «en moyens»; c'est parce qu'elle ne l'aimait pas, tout uniment**.

---

* En être pour ses frais de délicatesse: ne tirer aucun profit du ménagement mis à régler une affaire.
** Uniment: simplement.

Pauvre gros'maman, vous voulez trop prouver, vous me faites rire! Moi non plus je ne voudrais pas d'un habitant que je ne pourrais «qu'estimer beaucoup»... ni d'un notaire, d'ailleurs, ni d'un avocat, ni même d'un officier, quand je serais assurée de marcher toute ma vie, comme dit la chanson,

«À pas carrés, dans ma jolie chambrette».

Régina, avec quel entrain elle se serait attelée à n'importe quelle rude besogne, si celui dont elle n'a peut-être jamais parlé, mais qui est en chapelle au fond de son cœur, lui avait demandé de partager son sort. Vous connaissez peut-être son petit roman et vous n'êtes pas obligée de le dire; mais il se peut aussi qu'il vous ait échappé parce que vous la voyez tous les jours vaquer à ses petites besognes habituelles, le sourire aux lèvres. Moi qui l'ai vue pour la première fois à Noël, j'ai été frappée du peu de gaieté de son sourire. Ses jolis yeux «noisette» ont pleuré, je le jurerais. Et elle a deviné tout de suite mon secret, je l'ai compris au regard de compassion que j'ai surpris attaché sur moi. Je me suis dit: «Elle me plaint d'aimer, donc elle a souffert par l'amour.» C'est logique. L'apaisement s'est fait à la longue; elle se trouve heureuse, je n'en doute pas, chez sa bonne cousine Tessier, dans l'atmosphère de calme, de bonne entente, d'affection que la chère gros'maman répand autour d'elle. Je la trouve à la fois chanceuse et admirable, ce qui peut paraître contradictoire; toutefois, je ne peux pas être aussi raisonnable qu'elle pour le moment. Je vais peut-être au-devant d'une déception, mais il faut que je coure ma chance avant de sombrer dans la «vieille fillerie»; je veux lutter pour conquérir un bonheur plus vif et plus fécond que le sien.

Mes réflexions sont faites, chère madame; je ne crains pas que la tâche soit au-dessus de mes forces. J'ai une excellente santé que la vie aux champs ne pourra que fortifier, une volonté ferme de prendre mon rôle au sérieux, et une autre bonne raison de ne pas redouter l'avenir que vous ne connaissez pas encore et qui, je le crois, réduira à néant toutes les objections.

La petite Sylvie remercie... la Providence de sa grande bonté et l'embrasse sur les deux joues.

P.S. — Mais! elle est vieille Pauline Bellanger! trois ans de plus que lui! Moi, je suis son aînée de quelques mois seulement et j'ai honte de le dire: Elle peut se tenir tranquille!

Rassurez-moi, chère gros'maman, dites-moi qu'elle n'est pas à craindre. Est-elle jolie? A-t-elle l'air maîtresse d'école?

S.C.

Mme Tessier et Mlle Régina Dumas
à Mlle Sylvie Carrière

Saint-Jean-Port-Joli, 15 mars 1913.

Non, chère Sylvie, non, elle n'a pas précisément l'air «maîtresse d'école», mais elle a l'air décidé et ses yeux noirs sont plus vifs que doux. C'est de Pauline Bellanger qu'il s'agit. Assez grande, bien prise, elle a d'abondants cheveux bruns, le bout de nez un peu rond, une jolie bouche, un teint magnifique, et quand on dit magnifique, c'est signe que c'est beau, prétend Delvina Duvallon. Elle est éclatante, comme on dit. Quand Jean en était encore au poil follet, sa lèvre supérieure s'ornait déjà d'une petite moustache noire qui contrastait de façon gênante avec la blancheur de sa peau. Depuis qu'elle fait l'école dans les environs de Montréal, ce petit ornement a disparu mystérieusement.

Chère enfant, c'est à mon tour de recommander la pondération. Notre beau gars connaît Pauline depuis toujours et il est encore garçon. Ce que vous avez de mieux à faire, c'est de ne plus penser à elle. Il aurait un beau choix rien que dans cette famille Bellanger, notre Jean, s'il voulait regarder par-dessus les clôtures. La cadette est mariée de l'année dernière, mais il en reste encore cinq: des brunes et des blondes, toutes fraîches, jolies même, allantes*, bien jambées, et qui n'ont pas froid aux yeux! Êtes-vous rassurée maintenant?

Je cède la plume à Régina qui vous expliquera pourquoi elle doit me remplacer.

Chère mademoiselle Sylvie, je sais bien que vous allez perdre au change, mais il faut absolument que notre gros'maman obéisse à son médecin qui lui prescrit un repos absolu pendant une dizaine de jours. Pour que ses jambes désenflent, il est indispensable qu'elle fasse de la chaise longue. Il a fallu parlementer pour la faire consentir à rester tran-

---

* Allante: qui a de l'entrain.

quille complètement. Je la remplace assez souvent pour ses lettres d'affaires; c'est la première fois qu'elle me demande d'écrire à une de ses amies. Je monte en grade et j'en suis tout intimidée.

Elle vient de s'endormir sur son «lit de torture morale» comme elle nomme sa chaise longue. J'ai transporté mon écritoire sur la table de la cuisine pour me mettre hors de sa portée immédiate et ne pas être obligée de lui lire, si elle se réveillait, tout ce que je vous écris. Vous le savez, notre bonne grosse est, en tout temps, très impressionnable; mais, tous les ans, vers ce temps-ci, elle fait une crise de dépression que nous voyons venir sans qu'il nous soit possible de la détourner. Il faudrait pouvoir l'empêcher de lire les journaux; elle a peur de la guerre. Il est vrai qu'il ne faut pas être nerveux pour suivre les nouvelles d'Europe sans inquiétude, ces années-ci; on dirait qu'il se prépare des catastrophes. L'année dernière ou il y a deux ans, la fois du coup d'Agadir, madame Tessier en avait perdu complètement le sommeil; le docteur était obligé de lui donner des piqûres. On sait bien que cet état est l'effet, plutôt que la cause de sa maladie, mais elle n'en souffre pas moins et nous en fait souffrir aussi. Comme elle est sourde et que sa vue est excellente, c'est elle qui nous fait la lecture. En voyant les en-têtes, elle pousse des exclamations:

«Ah mon Dieu! qu'est-ce qu'il va arriver encore? Venez que je vous lise ça. Laisse ta couture, Alice, arrive Régina»; et elle ne passe pas une ligne. Souvent, dès le lendemain, les nouvelles effrayantes sont démenties; elle s'est frappée pour rien et reste tout énervée pendant quelques jours. Vous n'aurez pas de peine à croire que je préférerais, dans ce temps-là, me mettre dans un coin et lire tranquillement les Lenôtre que vous avez envoyés au jour de l'an.

Cette fois-ci, nous espérons que sa crise ne sera pas aussi forte, elle a été prise à temps et il n'y a rien de particulièrement alarmant, cette semaine, dans les affaires mondiales. Auriez-vous pensé que la politique internationale puisse préoccuper à ce point une paisible habitante de Saint-Jean-Port-Joli?

Elle regrette bien de ne pas pouvoir vous écrire longuement. Elle pense que les nouvelles de la paroisse vous intéressent beaucoup; c'est pour cela qu'elle m'a mis la main à la plume. Je ne peux pourtant pas vous donner une liste des baptêmes, mariages et sépultures de gens que vous ne connaissez pas. À part l'ordinaire, il ne se passe rien. Il n'y a pas eu d'événement sensationnel depuis votre visite.

Le temps a été mauvais toute la semaine. Il faut qu'il pleuve pour fondre la neige, il y en a encore gros dans les bois. Nos «sucriers*» ne pourront pas entailler les érables avant Pâques. C'est aussi bien; ils vont pouvoir assister aux offices de la semaine sainte et j'aurai mes artistes pour nous ressusciter en musique et chanter un joyeux *Alleluia*.

J'espère que madame Tessier sera sur pied, revenue de la guerre pour la circonstance, et que le soleil sera de la partie. Lui absent, les choses ne

---

* Sucrier: aériculteur, producteur de sucre d'érable.

seront que ce qu'elles sont et elles ne sont pas gaies. Vous voyez que, moi aussi, j'ai profité de votre «Chanteclerc»; voilà ce que c'est que de se frotter aux personnes instruites!

Gros'maman vient de se réveiller et me crie de vous dire qu'elle compte sur vous pour la distraire pendant qu'elle est en pénitence. Elle vous supplie de ne pas la faire languir, de ne pas faire la mystérieuse pour vous rendre intéressante; puis, elle vous embrasse pour vos vingt-trois ans et vous souhaite de vous marier dans le courant de l'année. Comme vous voyez, l'âge et les infirmités ne lui ont pas fait perdre ses illusions; elle croit encore qu'il suffit de se marier pour être heureux.

Toute la maisonnée se joint à moi, chère mademoiselle Sylvie, pour vous souhaiter un saint et joyeux jour de Pâques.

Régina Dumas

*Mlle Sylvie Carrière
à Mme Tessier*

Québec, 30 mars 1913.

Chère gros'maman,

Je ne vous savais pas souffrante, pardonnez-moi de vous avoir fait languir. Si j'ai hésité à vous donner ma troisième raison d'envisager l'avenir avec confiance, ce n'était pas pour piquer votre curiosité et pas davantage parce que je doute de votre discrétion. Cependant, c'est un bien gros secret que je vais vous confier et vous comprendrez, sans que j'y insiste, la nécessité de ne pas le divulguer pour l'instant.

J'ai une dot, chère madame. Je suis bien persuadée que notre jeune ami ne se laisserait pas influencer par une semblable considération, mais je veux m'épargner jusqu'à l'ombre d'une inquiétude à ce sujet. S'il doit m'aimer, il faudra que ce soit de façon absolument désintéressée et, de plus, que j'en sois sûre.

C'est un petit héritage que je tiens de ma pauvre maman. Papa l'a placé avantageusement et n'a jamais voulu en distraire un sou; il a fait boule de neige depuis douze ans. J'avais presque oublié son existence. C'est en comptant mes atouts que je me le suis rappelé. Je ne suis pas dépensière, mes goûts sont modestes, nous vivons retirés et très simplement dans notre vieille maison des remparts qui date du temps des Français, à ce qu'on dit, et même qui aurait été habitée par Montcalm. À part un très beau canapé, un bureau ancien que maman avait apportés de la maison paternelle, et un secrétaire de palissandre* qui vient en droite ligne de Paris, le mobilier est de style Confédération et n'a pas été renouvelé depuis le mariage de mes parents. Cati épingle encore, deux fois par année, sur le tapis du salon, de

---

* Palissandre: bois violet avec nuance de jaune et de noir, propre à la marqueterie.

vénérables rideaux contemporains de l'ameublement ou peu s'en faut.

Si le vil métal n'a pas beaucoup occupé mon
esprit jusqu'à présent, j'en fais grand cas dans les
circonstances actuelles. Quel bonheur ce sera de ne
pas paraître au contrat les mains vides! Je ne crain-
drai pas que le mariage manque aux arrangements.
Les parents de Jean qui, eux, ne seront pas amoureux de moi, pourraient, à juste titre, s'inquiéter du
surcroît de dépense que leur occasionnera l'entrée,
dans leur maison, d'une jeune dame de la ville. Je
suis convaincue que l'apport d'une dot assez considérable peut faciliter les choses.

De mon côté, chère gros'maman, je ne vais pas
au hasard. Grâce au vieux cheval, je connais les capa-
cités calorifiques d'un capot de chat sauvage, quand
il y a un beau garçon dedans, surtout. Comme sys-
tème de chauffage pour une grande maison, j'ad-
mets que c'est insuffisant, même si l'on y ajoute,
pour l'ordinaire et pour réchauffer les vieux qui ont
passé l'âge de l'amour, un bon gros poêle à trois
ponts. Tante Louise m'a fait part de leurs intentions
à ce sujet et des changements qu'ils se proposent
d'effectuer quand «Petit» se mariera. Comme j'aurai
les moyens d'en payer les frais, on me permettra
peut-être d'aménager à mon goût les pièces desti-
nées au jeune ménage. Je me propose de transformer le salon en «living room», d'ajouter aux
beaux meubles anciens quelques fauteuils modernes, un tapis, des rideaux frais, quelques coussins,
des abat-jour... même de porter respectueusement le
portrait de Léon XIII dans la chambre de tante

Quatre générations sous le portrait de Léon XIII:
Eugène Dumas, sa fille Arthémise (épouse d'Esdras Giasson),
sa petite-fille Marie-Louise Giasson (épouse d'Eugène Ménard,
de L'Islet) et un arrière-petit-enfant.

Louise et, dans celle du père Leclerc, la croix de
tempérance qui orne un pan du salon. Je garderai le
curé Boissonnault, il fait bien dans le trumeau. Si je
me rappelle bien, deux cabinets d'égales dimensions
s'ouvrent sur le salon. Rien de plus facile, en dépla-
çant seulement une cloison, que de les transformer
en une grande chambre à coucher avec salle de bain
contiguë. Rien n'empêchera d'en installer en même
temps une autre, à l'étage supérieur. Tout le monde
s'en trouvera bien. Vous savez par expérience, chère

madame, qu'il est possible, à relativement peu de frais, de se donner, à la campagne, tout le confort de la ville puisque, depuis longtemps, votre maison en est pourvue.

Enfin, dernière et suprême extravagance, je pourrai me payer le luxe d'une jeune et robuste servante qui déchargera tante Louise d'une bonne partie de sa besogne, devenue trop lourde pour une personne de son âge, et qui le serait trop, pareillement, pour une commençante inexpérimentée telle que moi. Voyez-vous les difficultés se disperser comme par enchantement? Qu'il m'aime seulement! Je me charge du reste.

Si vous êtes fatiguée, chère gros'maman, gardez-en pour demain; je n'ai pas encore fini de vous entretenir de mes petites affaires.

Apprenez que nous avons été invités, papa et moi, à aller passer la semaine de Pâques à Montréal et que nous avons décliné l'invitation. Papa a donné comme raison qu'il souffre de rhumatisme et moi, que je ne veux pas le quitter quand il est malade. Je vous dirai que ses douleurs lui laissent beaucoup de répit. Ma vraie raison, à moi, de ne pas vouloir m'éloigner de Québec en ce moment, c'est que je ne veux pas ajouter soixante lieues à la distance déjà trop grande qui me sépare du pays de mon âme.

Hélène est dans la jubilation et voudrait nous faire partager son bonheur. Elle attend la visite d'un Académicien, conférencier de l'Alliance française. Je croyais qu'elle était rassasiée «d'immortalité» depuis le Congrès de la langue française, l'été dernier; mais non, elle en redemande. J'y pense, gros'maman, on aurait dû conduire M. René Bazin chez vous quand on l'a promené à travers la province, puisqu'on voulait absolument l'épater. Il aurait vu une belle vieille dame qui trouve le moyen, tout en étant profondément Canadienne, d'être Française de cœur, d'esprit et de manières, et il aurait ajouté un paragraphe enthousiaste à son sympathique et indulgent compte-rendu de la «Mission française au Canada», paru, l'automne dernier, dans la *Revue des Deux-Mondes.*

Tous les hommes éminents venus à Montréal depuis dix ans ont au moins passé par le salon de Mme Berti, quand ils ne sont pas devenus ses hôtes pour quelques jours ou pour quelques semaines. Elle va les cueillir à la gare, accompagnée de son mari, cela va sans dire; mais c'est elle qui fait les honneurs de la ville à ces messieurs et donc tous les frais de la conversation. Elle vous a une aisance, un aplomb qui me confondent. Gustave, lui, perd toute sa faconde* de *businessman*; il est encore plus intimidé que moi en ces occasions. À table, il ne desserre pas les dents, même pour manger. Il sourit en levant les sourcils, il a l'air de goûter les mots spirituels et la nourriture par la même pression de la langue sur le palais, ou bien il paraît absorbé par quelque grave problème. Je suis convaincue que les enthousiasmes littéraires de sa femme l'ennuient profondément; mais son petit amour-propre y trouve son compte. Je vous dirai, gros'maman, que je préfère écouter les conférenciers développer leurs

* Faconde: grande facilité de parler.

idées, à l'aise et sans interruption, dans leurs causeries publiques, que de les entendre répondre à un interrogatoire, en société. Et puis, je vous avoue que je goûte mieux le charme de leur langage quand je ne crains pas d'être mêlée à la conversation.

Il faut des femmes comme ma sœur pour faciliter les relations entre la mère patrie et le Canada, il en faut une par ville: c'est assez. Il faut aussi de braves femmes d'habitants et en bien plus grand nombre pour conserver à la province de Québec sa physionomie française. Moi, j'aurai de l'assurance pour recevoir les visiteurs de marque dans quinze ans, quand je serai entourée d'une douzaine de têtes brunes et blondes qui seront ma joie et mon orgueil. J'aurai pleinement conscience alors d'avoir fait de mon mieux pour perpétuer le «miracle canadien». On mettra notre portrait dans les journaux: Jean aura les jumeaux sur les genoux; moi, le petit dernier dans les bras; votre filleul portera son brassard de première communion. Au-dessous, on lira: «Belle famille canadienne». C'est la grâce que je me souhaite, gros'maman.

En voilà assez pour aujourd'hui. Je vous ai fait sourire, vous me trouvez un peu exaltée, même un peu folle. Je ne vous en veux pas pour cela.

Votre petite Sylvie vous remercie de vos bons souhaits de fête et vous embrasse affectueusement.

S.C.

P.S. — Quand vous pourrez écrire sans vous fatiguer, chère madame, parlez-moi de lui; quand vous le verrez, parlez-lui de moi.

Mme Tessier
à Mlle Sylvie Carrière

Saint-Jean-Port-Joli, 10 avril 1913.

Oui, chère fille, je vous trouve un peu folle, un peu exaltée, mais bien gentille tout de même. J'ai compris que la belle Régina vous a mise au courant de mes craintes exagérées ou ridicules et que vous avez voulu jouer le rôle d'un rayon de soleil: chasser mes idées noires, me distraire par votre manière gaie de dire les choses sérieuses et par le grand sérieux avec lequel vous dites vos petites blagues. Avec l'aide de Dieu et du docteur Simart, vous avez pleinement réussi. Me voilà encore une fois sur pied et rassérénée pour quelque temps.

On a bien fait, ma petite fille, de ne pas emmener me voir M. René Bazin. Ce n'est pas moi qui aurais pu faire honneur à la province de Québec et à Saint-Jean-Port-Joli par ma présence d'esprit. J'aurais été trop intimidée pour parler sensément. Par exemple: je sais que «La terre qui meurt» est celui de ses romans qui a le plus de portée et de valeur littéraire; j'aurais été assez sotte pour lui dire que je préfère «La Sarcelle bleue». Je sais aussi qu'il n'aurait pas pu s'attendre à voir des tableaux de maîtres aux murs de mon salon; mais il aurait eu envie de rire des agrandissements au crayon des portraits de mes pauvres parents. J'aurais eu honte de mes souvenirs de famille et je lui en aurais voulu à cause de cela. J'ai trop conscience de mes lacunes, — si je puis m'exprimer ainsi — et je suis trop

timide pour désirer recevoir de ces visiteurs extraordinaires; mais j'aurais bien aimé entendre parler
tous ces messieurs de la *Mission française.* J'ai lu leurs
discours dans les journaux et les larmes m'en
venaient aux yeux. C'est mère supérieure et toutes
nos autres religieuses qui auraient été heureuses de
les voir et de les écouter, elles si fières de leur beau
pays et de ses hommes de talent! Savez-vous une
chose? On ne leur fait pas plaisir en parlant contre
leur gouvernement. C'est tout juste si elles ne
l'approuvent pas de les avoir persécutées.

Passons maintenant à vos petites affaires per-
sonnelles. Vous avez réponse à tout, chère fille, et
vos arguments sont convaincants, quand on n'y
regarde pas de trop près. Je vous approuve de vouloir garder secret, quelques mois encore, celui qui
doit emporter, selon vous, les dernières hésitations.
Ceci posé, permettez-moi de vous dire que vous atta-
chez une importance exagérée à la question pécu-
niaire. Je comprends que, dans l'incertitude où vous
êtes des sentiments de notre jeune ami, vous soyez
un peu nerveuse et portée à ne voir la situation que
d'un côté: le vôtre.

Mettez-vous, un peu, à la place de l'autre partie,
vous verrez que le problème se pose de façon différente et votre jugement y gagnera en sûreté. Regardez: vous trouvez tout naturel qu'on puisse, sans
aimer l'argent pour lui-même, être sensible aux
avantages qu'il procure, puisque vous êtes si heureuse d'en avoir et que vous comptez sur votre dot
pour aplanir les difficultés. Cependant vous exigez
de notre Jean un amour qui ne tienne compte

d'aucune considération extérieure. Je me tromperais fort si notre beau garçon avait jamais eu l'intention d'épouser une jeune fille uniquement pour son argent; il a l'air satisfait de la part qui lui est faite, et le cultivateur, le vrai, obéit, même quand il ne s'en rend pas compte, à des motifs qui peuvent paraître mesquins aux yeux des profanes, mais qui sont d'un intérêt infiniment supérieur à la question de gros sous, ou du moins qui ne s'y rapportent qu'indirectement. Il sait, d'instinct, ce qui peut être favorable ou nuisible à la prospérité de sa terre et au maintien des traditions familiales.

Ce n'est pas difficile de vous aimer, Sylvie, vous avez ensorcelé tout le monde ici; comment Jean pourrait-il résister à l'attrait que vous inspirez, surtout quand il se sentira aimé? Je suis sûre que vous plaisez aussi à ses parents. Mais la «terre» sera présente aux arrangements et elle est jalouse; elle se méfiera de la jeune fille élevée trop délicatement et craindra d'être négligée ou abandonnée. Auguste Leclerc est cultivateur dans l'âme, conscient et content de l'être. Il n'a pas toujours été de la Croix de saint Louis*, mais il a toujours eu le sentiment très vif de son devoir envers le bien paternel. Quand venait le temps des labours, il était à son poste; quand les foins étaient bons à faucher, le dix juillet, il n'attendait pas la fête de la bonne sainte Anne pour commencer de les faire. Levé avant le soleil, il

---

* Ne pas être de la Croix de saint Louis: ne pas être fiable, digne de confiance, la Croix de saint Louis étant une décoration décernée par le roi de France à des personnes de grand mérite.

travaillait au clair de la lune et des étoiles, s'il le fallait, tant que la dernière gerbe n'était pas engrangée, le dernier minot de patates entré dans la cave. À l'heure qu'il est, non seulement il conserve la direction des travaux, mais il veut encore mettre la main à la besogne, malgré son âge et ses rhumatismes. Chaque printemps, régulièrement, il se donne un tour de rein parce qu'il se force à ouvrir la saison lui-même, à labourer au moins les premières planches. C'est à cause de cet attachement au sol qu'il n'a pas hésité à retirer Jean du collège quand il a cru que l'intérêt de sa terre l'exigeait; et c'est parce que Jean chasse de race* qu'il s'est conformé de si bonne grâce à la décision paternelle. Prions saint Isidore, ma petite fille; c'est lui qu'il faut amadouer.

Je vous ai dit que Auguste Leclerc a des défauts... qui n'en a pas? Je ne veux pas que vous ayez des doutes sur son honorabilité. Bon catholique et charitable, on n'en parle pas; il est au premier rang de ceux qui donnent bonne mesure en vendant leurs produits; il paie sa dîme sans se faire tirer l'oreille et, ce qui est encore plus rare, en temps d'élections, on n'a pas besoin de le réchauffer pour le faire voter. Il y a eu un temps, d'ailleurs, qu'il se réchauffait bien tout seul; sans être un ivrogne, il ne «crachait pas dedans**», comme on dit. Mais, depuis le terrible accident arrivé à son fils Pierre, il est sobre comme un juge (comme un juge sobre) et vous n'aurez pas

---

* Chasser de race: faire comme son père, montrer de l'hérédité.
** Ne pas cracher dedans: ne pas dédaigner les boissons alcooliques.

besoin de porter la croix de tempérance dans sa chambre pour le faire persévérer dans ses bonnes résolutions.

Notre beau gars, lui, fait du sucre à profusion par le temps qui court. Il paraît que les érables coulent comme dans les bonnes années. Tante Louise a donné cette intéressante nouvelle à Régina, dimanche, au sortir de la messe.

Elle a bien hâte, tante Louise, que «Petit» revienne de la sucrerie; il est sujet à s'enrhumer et elle craint toujours pour sa santé. Heureusement, dit-elle, qu'il a un bon engagé*. Daniel Robichaud, c'est tout ce qu'il y a de plus fiable et de plus dévoué. Mais, quand il y a de la presse et qu'ils sont obligés de faire bouillir la nuit pour ne pas perdre d'eau d'érable, il faut bien que Jean veille à son tour. Ces cabanes à sucre, on voit le jour à travers, le vent y pénètre facilement et il y a de la boucane! Dire que vous seriez prête à passer des années, avec le mari de votre choix, dans de telles conditions, vous êtes vraiment héroïque, ma petite fille. Vous méritez bien que votre gracieuse image hante, dès maintenant, la maisonnette dans les bois. Durant ces nuits blanches où il doit surveiller l'ébullition du précieux liquide, le souvenir des moments agréables passés en votre compagnie doit conforter notre Jean ou je me trompe fort. Je ne parle pas à la légère; le jour même de son départ pour Saint-Aubert, nous avons eu la preuve que vous occupez sa pensée. Élie sortait du bureau d'enregistrement, le mardi de Pâques,

---

* Engagé: employé de ferme.

Cet édifice (62, de Gaspé Est) fut construit en 1880 pour abriter le bureau d'enregistrement. Élisa Michaud y travailla quand son père, Arsène, était «registrateur». En 1905, le successeur d'Arsène Michaud, Gustave Verreault, y ouvrit une succursale de la Banque provinciale. Il est possible que cette photo ait été prise au moment de cette ouverture ou peu après. De gauche à droite, Xavier Dubé, manufacturier de cercueils, Lucien Legros, Odilon Ouellet, Gustave Verreault, sa fille Marie-Anne, Delphis Bourgault, Arthur Foster (dans l'embrasure), Ulric Morin, fils du marchand Albert Morin, Albert Legros, fils de Lucien. Foster fut le premier commis.

vers dix heures, comme il passait en traîneau avec son engagé et ses ustensiles de sucrerie. Votre vieux Castor était dans les brancards, l'air honoré d'être encore de service. C'est justement la bonne bête qu'il faut pour courir les érables. Comme il se hâtait lentement, à l'accoutumée, Élie a eu le temps de dire à notre ami sans l'obliger à s'arrêter:

«Du train que vous allez, vous n'commencerez pas d'entailler aujourd'hui.»

147

La maison de Gustave Verreault, notaire et «registrateur»,
vers 1905. On la connaît maintenant comme la maison du notaire
Dechêne (60, de Gaspé Est). Elle aurait été construite
vers 1870, probablement par Ovide-Bruno Fournier, arpenteur,
dont la veuve, Mathilde Dumont, épousa ensuite Achille Anctil,
cousin de madame Tessier. De gauche à droite,
Jean-Julien, Adrienne et Marie-Anne Verreault.

Et d'en recevoir cette réponse révélatrice de son état d'esprit:

«Oh! rien ne presse, j'aime faire durer mes promenades sentimentales.»

Il a sur le cœur, c'est le cas de le dire, les taquineries du jour des rois.

Je vous en ai dit assez, j'espère, pour que votre imagination vous promène dans les grands bois avec le doux objet de vos rêves. Je voudrais qu'elle vous fasse entendre le murmure de l'eau qui prend son cours sous la croûte de glace et la voix fraîche de la sève qui dégouline de la blessure des érables. Les merles sont arrivés!

148

Sur ce, ma chère Sylvie, je vous laisse à vos méditations. J'ai fait mon possible pour qu'elles soient agréables.

Votre veuve Tessier

*Mme Tessier
à Mlle Sylvie Carrière*

Saint-Jean-Port-Joli, 27 avril 1913.

Aujourd'hui, dimanche, chère Sylvie, dix minutes avant la grand-messe, j'ai reçu la visite inattendue d'un jeune monsieur aux yeux clairs, au teint hâlé par le grand air et le soleil du printemps. Descendu ce matin même au petit jour des hauteurs de Saint-Aubert, il est venu à pied sur la croûte* — en bottes malouines** parce que les chemins sont défoncés —, m'apporter, toute fraîche faite et délicieuse à voir dans son «casseau***» d'écorce, sa dernière tire de la saison. En outre: une petite maison, un gros cœur, des cornets, gros, moyens et petits, de beau sucre doré, en échantillon, m'a-t-il dit, de son savoir-faire en matière de sucreries.

---

* Croûte: surface de la neige durcie, capable de porter un certain poids.
** Bottes malouines: bottes portant semelle et talon, par opposition aux bottes sauvages qui n'en ont pas.
*** Casseau: contenant d'écorce de bouleau.

Je l'ai remercié de sa gentillesse, mais j'ai dû lui avouer que j'ai acheté de la tire, justement hier, et que, malgré notre gourmandise, il nous serait impossible de la manger toute avant qu'elle tourne en sucre. Il a penché la tête sans rien dire. Comme le dernier coup de la messe sonnait, en se levant pour partir, il m'a annoncé qu'il irait à Québec, mardi ou mercredi de cette semaine, essayer de vendre sa récolte de sucre aux hôtels ou aux épiceries de la ville.

Je ne me suis pas rendu compte, tout de suite, que l'occasion s'offrait à moi d'être l'instrument de la Providence; je ne songeais qu'à partir le plus vite possible pour l'église. Notre Jean s'en allait penaud, trop gêné d'abord pour mettre les points sur les i, mais il s'y décida pourtant, en voyant que je ne paraissais pas comprendre son intention. La main sur la poignée de la porte, il a dit, sans se retourner, mais en élevant la voix pour être sûr que je l'entende:

«Ah oui! de fait, c'est le bon temps, si vous avez des commissions pour Québec, je m'en chargerai avec plaisir».

Je l'ai guetté après la messe pour lui faire part d'une idée qui m'était venue, enfin! et même qui m'avait tenue éveillée pendant le sermon. Il l'a trouvée excellente et je suis sûre que vous la goûterez également.

Tenez-vous bien, chère fille, vous allez le voir arriver. Je ne peux pas dire au juste quel jour ni à quelle heure, mais ce sera sûrement au commencement de la semaine et dans l'après-midi. Vous le

prendrez quand il se présentera, n'est-ce pas?
Arrangez-vous avec.

Bonne chance, ma petite Sylvie.

V.A. Tessier

✺

Mlle Sylvie Carrière
à Mme Tessier

Québec, 5 mai 1913.

Chère gros'maman,

Je suis sûre que M. Jean Leclerc est allé, dès son retour, rendre compte de sa mission et vous porter nos remerciements, comme nous l'en avions prié. Cette certitude m'a permis d'attendre, pour vous écrire, d'avoir mis un peu d'ordre dans mes idées, puisque j'ai pris l'habitude, non seulement de vous raconter les incidents de mon petit roman, mais encore de vous confier mes impressions, d'ouvrir mon cœur à deux battants. Il est débordant de joie en ce moment. Grâce vous en soit rendue!

Toutefois, cette visite que vous m'aviez promise et qui paraissait si certaine, un moment — un moment qui m'a paru long et qui a, quand même, duré une partie de l'après-midi —, j'ai cru que je ne la recevrais pas et qu'on me faisait courir le poisson d'avril de la plus cruelle façon. Quand elle est enfin venue, savez-vous à qui je dois l'heureuse tournure de cette rencontre pourtant si bien préparée par

151

vous? À la personne qui semble la moins faite pour comprendre les choses sentimentales, à ma bonne Cati. C'est elle qui, à son tour, a été l'instrument de la Providence. Décidément, dans les affaires de cœur, les femmes ont plus de flair que les hommes! Le beau Jacques Carrière, lui, en est encore à se douter de quoi que ce soit. Il se préparait à partir pour son bureau, mardi matin, quand votre lettre est arrivée. J'ai attendu qu'il soit sorti pour la décacheter. Le cœur me battait avant de l'ouvrir; elle venait si tôt après votre dernière que je devinais une nouvelle extraordinaire. Vous ne me disiez pas, au juste, quel jour viendrait le visiteur tant désiré, mais immédiatement j'ai commencé de l'attendre d'une minute à l'autre. J'avais pourtant compris qu'il se présenterait dans l'après-midi; c'était plus fort que moi. Je ne tenais pas en place. La sonnette me donnait sur les nerfs et Dieu sait si elle a carillonné dans le courant de la matinée. Tous les vendeurs de fruits et de légumes, les arrangeurs de parapluies, les affileurs de couteaux, tous les «quêteux» de la ville s'étaient donné le mot, je crois, pour venir tirer le cordon. Le doux temps les faisait tous sortir. Ce jour-là, en effet, le printemps faisait son entrée solennelle dans sa bonne ville de Québec. Les bourgeons éclataient, les oiseaux chantaient, un recueillement de Fête-Dieu planait dans l'air qui sentait l'eau d'érable. Dans la maison, il faisait une chaleur insupportable, même en tenant toutes les fenêtres ouvertes. Papa avait dit en sortant: «Laissez le calorifère s'éteindre; si le temps se refroidit vers le soir, il y aura toujours la ressource de faire du feu dans la grille de la salle à manger ou dans celle du salon.»

Vers midi, j'avais réussi à reprendre mes esprits et c'est très posément qu'au dîner j'ai dit à papa que vous m'annonciez la visite d'un jeune homme, rencontré chez vous à Noël, qui devait nous apporter de la tire d'érable faite par lui mais offerte par vous... pour nous sucrer le bec, ai-je ajouté en riant. Il s'est écrié:

«Elle doit être bien bonne! il y a longtemps que je n'en ai mangé venant directement de la «cabane»... Mme Tessier nous gâte... elle est vraiment très aimable».

Je pensais en moi-même: elle l'est encore plus que tu ne le crois, va, pauvre papa, mais je me suis bien gardée de le dire. J'avais hâte qu'il parte afin de reprendre le cours de mes agréables pensées.

Je parlais tout haut dans ma chambre, en passant ma robe de foulard bleu à pois blancs, en mettant la dernière main à ma toilette. Je composais un marivaudage — demandes et réponses — des plus agréables, qui finissait par une proposition de mariage. Il était bien deux heures quand j'ai sursauté au centième coup de sonnette de la journée. J'entendais Cati — poum, poum, poum — aller ouvrir en grommelant, puis monter l'escalier en s'arrêtant à chaque marche pour souffler. Elle portait avec précaution un paquet qu'elle déposa sur la table de chevet en disant:

«Un livreur d'épicier que j'connais pas me l'a mis dans les mains, puis il s'est sauvé aussi vite qu'il était venu; moi, je pense qu'il s'est trompé de porte.»

Du premier coup d'œil, j'avais vu, écrit de votre main, dans un coin du colis: «Politesse de M. Leclerc.» Toute ma joie s'était envolée. J'eus à peine la force d'articuler:

«C'est de la tire que Mme Tessier nous envoie, mets-la dans la glacière.»

Cati n'avait pas eu le temps de tourner le dos que je m'étais jetée à plat ventre sur mon lit. J'étais si déçue, si malheureuse que je ne pouvais même pas pleurer. Mon cœur battait à grands coups, puis s'arrêtait. Je prenais de grandes aspirations pour le remettre en marche et je soupirais encore désespérément deux heures après, lorsque Cati vint tout doucement m'appeler:

«Mam'zelle, mam'zelle, il y a un monsieur en bas qui voudrait vous voir. Il dit qu'il est envoyé par Mme Tessier. Je l'ai fait passer au salon.»

Cette fois, je n'avais pas entendu sonner et je faillis m'évanouir de surprise. Cati bougonnait:

«J'me demande pourquoi vous êtes changée comme ça. Êtes-vous malade? Y vous mangera pas! Si ça a du bon sens d'être gênée de même! Pincez-vous un peu les joues...»

Il était là, debout, tremblant de timidité, je lui tendais une main glacée qu'il touchait à peine et il s'asseyait tout au bord du fauteuil que je lui indiquais, les deux genoux sous son chapeau. Moi, je claquais des dents. Je vous prie de croire que la conversation ne fut pas, d'abord, très animée. Je venais de m'informer de votre santé pour la troisième fois et, pour la troisième fois, il me répondait, la voix enrouée: «Elle va très bien, je vous remercie», lorsque Cati fit son entrée avec une brassée de bois, des copeaux, dans un coin relevé de son tablier, un numéro de l'Événement, et se mit en frais de faire du feu dans la grille en disant à part soi:

Qui est-ce qui aurait dit que le temps se couvrirait si vite, y faisait si beau soleil à matin. Une p'tite «attisée» peut pas faire de mal.

Cric! elle frottait une allumette, crac! la flamme dévorait le journal, s'élançait haute et claire, et l'audace de Cati montant en même temps. Elle s'adressa d'abord à moi, puis à la visite:

«Ça va vous donner des couleurs; par exemple, vous mettrez pas de temps à avoir trop chaud... Vous feriez mieux d'ôter votre pardessus, monsieur.»

Notre Jean s'en défendait, il n'était pas venu pour longtemps. Je m'enhardis à mon tour, j'osai dire... avec élan:

«Je vous garde, je veux vous présenter à mon père; vous souperez avec nous.»

Cati insistait:

«Bon! donnez-moi votre chapeau pendant que vous y êtes, j'vas accrocher votre butin* dans le passage.»

Lorsqu'elle revint avec le thé, dix minutes après, elle avait repris son attitude de domestique bien stylée. Nous étions assis confortablement dans nos fauteuils, le même reflet rosait nos visages et une agréable causerie était engagée qui ne devait rien à Marivaux. Il circulait dans la pièce un tout petit, tout timide bonheur qui me donnait les plus belles

---

* Butin: vêtements.

155

espérances et donnait à notre beau Jean beaucoup plus d'assurance. C'est à un jeune homme en possession de tous ses moyens que papa serra cordialement la main, une demi-heure plus tard. J'ai vu son étonnement admiratif; il ne s'attendait pas de le trouver aussi bien de sa personne. J'étais heureuse à étouffer. Quelle réaction après l'angoisse de l'après-midi! Papa s'étant mis tout de suite en frais d'amabilité, j'en ai profité pour aller voir à la cuisine ce qu'il y aurait à manger. Cati, un peu nerveuse, se montra froissée de mon ingérence; elle me répondit brusquement:

«Seigneur! vous avez pas coutume de crever de faim. J'ai un soufflé aux légumes, du veau froid, une salade. Si vous le voulez absolument, il y aura de la soupe; il en restera pas pour demain, mais c'est égal. Si le p'tit habitant en a pas assez, il ira manger chez eux.»

— Et pour le dessert, Cati?

— Des confitures, un gâteau et pi, la «fameuse» tire, donc, il faut qu'il y goûte... retournez à votre salon; tiens! vous allez savater* vot' robe en rôdant autour du poêle.

Je tournais autour, non pas du poêle, mais d'une question que j'ai fini par poser, tout bas:

— Le trouves-tu beau, Cati?

Elle a penché la tête.

— Pas trop laid... mais votre papa était plus beau, étant jeune.

---

* Savater: gâter, friper, chiffonner.

156

J'entendais marcher mes deux hommes à l'étage supérieur; papa faisait visiter sa maison à notre visiteur. Il est content d'avoir réussi à la moderniser sans lui enlever son caractère ancien.

À table, dès le potage, le beau Jacques a causé avec entrain. Il a félicité notre jeune ami d'avoir choisi la meilleure part, c'est-à-dire la vie saine et indépendante de la campagne; d'avoir compris que rien ne vaut mieux pour être heureux que d'être attaché au sol par de fortes racines; que rien n'ennoblit la vie comme de se sentir le gardien de traditions séculaires qu'il faut transmettre à son tour. Il devenait lyrique, citait Virgile et Victor Hugo et, gaiement solennel, il a terminé son envolée par un conseil amical:

«Jeune homme, méfiez-vous de la politique. Il n'y a pas de danger immédiat, vous êtes encore jeune, mais si, plus tard, vous deveniez fatigué d'être tranquille et votre propre maître; si les électeurs du comté de l'Islet vous demandaient d'être leur humble serviteur, résistez de toutes vos forces; je vous en prie dans votre propre intérêt, ne vous portez pas candidat à la députation!»

Notre Jean riait de bon cœur; moi, je le mangeais des yeux.

À ce moment, Cati apporta la tire, telle qu'elle était sortie des mains de son créateur, et me donna des assiettes chaudes pour m'en faciliter le service. Papa mangea sa part, amollie, étendue dans une assiette, avec une cuillère. Nous, les jeunes, avons dédaigné ce moyen trop facile. Je ne vous apprendrai pas, chère madame, que, pour ne rien perdre de son goût fin, on doit manger la tire avec un couteau, qu'il faut plonger dedans obliquement et lever assez haut, en le retirant, pour la faire filer. Les bulles d'air qu'elle contient crèvent alors, en craquant comme de fines branches sèches, et dégagent cette odeur, «cette saveur» de grand bois, d'écorce de bouleau, de pelote de neige, qui s'en va si vite et que seuls des palais canadiens peuvent, je crois, saisir et apprécier. Le fil doré en s'étirant devient argenté, on l'enroule vivement sur le bout du couteau, il ne reste plus qu'à tirer à belles dents sur la bouchée et... à s'en déprendre en la laissant fondre lentement. Quand la tire est aussi délicieuse qu'était la vôtre, ce jour-là, il faut fermer les yeux pour la mieux savourer. Inutile de recommander le silence, il s'impose: il n'y a pas moyen d'ouvrir la bouche.

Pendant que papa, resté dans la salle à manger, parcourait ses journaux, nous étions retournés au salon, Jean et moi. Je lui avais demandé de chanter et il avait aimablement accepté sans se faire prier. Seulement... je lis assez bien la musique quand elle n'est pas trop compliquée, mais je n'ai pas assez d'oreille pour improviser un accompagnement. J'avais tiré de leur casier, les uns après les autres, tous nos vieux cahiers et nous les avions feuilletés ensemble sans trouver un morceau qui convient à sa voix. Je m'étais pourtant mise au piano pour chercher le ton et l'air de «la Chanson des blés d'or» que je connaissais un peu: Jean fredonnait pour m'aider à les trouver et je n'y réussissais qu'à demi. Papa, cependant, n'était pas absorbé dans sa lecture au point de ne pas souffrir de mes tâtonnements. Il patientait, mais je l'entendais froisser son journal. Il finit par le jeter sur la table et venir se mettre derrière moi en disant entre ses dents: «Mon Dieu! c'est pourtant bien simple» et, penché sur mon dos, il se mit à jouer des deux mains, en martelant la mesure. Il n'en fallait pas plus pour me faire perdre contenance. J'avais retiré mes mains, baissé la tête, serré les coudes; je me faisais aussi petite que possible. Voyant le peu de succès de sa leçon et ma confusion, il m'a tapoté gentiment le bras en murmurant: «Donne-moi ta place, fillette.»

Les modulations exactes se trouvèrent tout de suite sous ses doigts et la ritournelle vint se placer d'elle-même au bout du couplet. Notre ami, se sentant appuyé, donnait généreusement sa belle voix et l'accompagnateur, visiblement émerveillé, s'animait au jeu. La chanson finie, il proposa un chant d'église et joua les premières mesures de «Adeste fideles». Après, sans lui donner le temps de souffler, à ma suggestion, il le fit passer à *la berceuse de* «Jocelyn».

Les vieux échos de la maison, endormis depuis les dernières fêtes de Montcalm peut-être, sortaient des murs épais et flottaient, rajeunis. Assise dans l'ombre, sur le canapé, je pleurais doucement, je ne vous le cache pas. Des moments comme ceux-là, non seulement se gravent dans la mémoire pour toujours, mais ils ont tout de suite un goût de souvenir.

Le concert tirait à sa fin, le vieux serin de Cati s'égosillait dans la cuisine — je ne sais pas pourquoi elle n'avait pas songé à couvrir la cage —; pour cacher mon émotion et essuyer mes yeux en traversant le vestibule, je partis en courant sous prétexte d'aller le faire taire. Cati était assise dans sa chaise berçante, les bras croisés sur ses genoux, la bouche tremblante, son chapelet à la main. Je lui ai demandé en passant:

«Trouves-tu que le petit habitant chante bien, pau'vieille?»

Elle a salué avec componction* et daigné dire:

«Pour un Canadien de Saint-Jean-Port-Joli, il est révérend... C'est quasiment plus beau qu'à la Basilique!... faut dire aussi qu'il est accompagné au superfin! on dirait-y que M. Jacques a pas touché le piano depuis la mort de vot'maman.»

En guise de «God save the King», papa jouait à présent «À la claire fontaine». Je retournais au salon en chantant sans me méfier du refrain. Une fois partie, il a bien fallu que je continue jusqu'au bout et que je chante de mon air le plus innocent:

«Lui y a longtemps que je t'aime, jamais je ne t'oublierai.»

Mon cher père aurait bien pu se dispenser d'aller reconduire Jean jusqu'à la porte. Il m'a fait penser à votre belle-mère, si ce n'est que lui, il ne l'a pas fait par malice. Avant de me coucher, j'ai mis sur le bout de mes doigts le baiser que j'aurais été en droit d'attendre si, comme vous l'assurez, Jean chasse de race.

Vous avez sans doute été curieuse de connaître les impressions de voyage de votre jeune ami,

---

* Componction: qui témoigne du regret.

gros'maman. J'espère qu'il ne vous a pas fait promettre une discrétion absolue...

Merci de tous vos bienfaits, chère Providence; vous n'avez pas affaire à une ingrate.

Sylvie

Mme Tessier
à Mlle Sylvie Carrière

Saint-Jean-Port-Joli, 15 mai 1913.

Notre Jean, chère Sylvie, ne m'a pas demandé le secret sur l'entretien que j'ai eu avec lui, dimanche dernier. Il sait que je ne parle qu'à bon escient ou... il croit le savoir. Si j'ai été quelquefois imprudente, il ne s'en est pas aperçu et il n'est pas fâché, je pense, que je m'intéresse à ses petites affaires sentimentales. Je peux donc, sans le trahir, vous rapporter fidèlement ses paroles et vous dire l'impression que j'en ai eue, d'après l'expression de sa physionomie, afin d'éclaircir ce qu'il peut y avoir de normand en elles. Cela vous permettra de juger par vous-même de l'état du cœur et de l'esprit de notre intéressant jeune homme.

Le matin de son retour, il a sauté de voiture pour m'apporter vos remerciements et promettre de revenir bientôt me «conter ça». Il était rayonnant et pressé. Son père devait avoir hâte de savoir s'il avait réussi à vendre son sucre et quel prix il en avait obtenu.

Dimanche après-midi, j'avais éloigné mes gens en leur défendant de rentrer avant cinq heures, à l'exception de Régina, qui devait revenir des vêpres avec Jean, m'aider à engager la conversation et ensuite se retirer discrètement. Toutes ces précautions à cause de ma surdité qui augmente de jour en jour. Je suis assez bonne physionomiste, heureusement. Il est agréable de suivre les pensées sur un visage aussi ouvert que celui de notre ami et de lire les mots sur d'aussi belles lèvres; mais je comprends que c'est un peu embarrassant pour un garçon timide, qui n'ose pas encore s'avouer à lui-même les sentiments de son cœur, d'avoir à les crier à l'oreille d'une sourde.

Régina dit en entrant: «Je vous amène un monsieur qui a été reçu la semaine dernière dans un des salons les plus fermés de la vieille capitale, comme disent les gazettes. On ne badine pas! Il ne mettra pas de temps à nous regarder du haut de sa grandeur pour peu que ça continue. Profitons de ce qu'il n'est pas encore habitué à sa nouvelle dignité pour nous faire raconter son voyage».

Je suis entrée dans le jeu immédiatement. De mon air le plus invitant, j'ai dit:

«Venez vous asseoir ici, mon petit garçon, dans le fauteuil en face de moi, et dites-moi tout. Commencez par le commencement. Je suppose que le train est entré en gare de Lévis vers une heure...»

— Moins deux minutes, montre en main. J'ai dîné au «Restaurant de la Traverse» et tout en mangeant j'ai fait mon plan pour l'emploi de mon après-midi. Comme il était de trop bonne heure pour me présenter chez M. Carrière, j'ai décidé de me débarrasser en premier lieu de toutes mes affaires. J'avais douze cents livres de sucre à placer — on rit pas de ça —; ensuite, je voulais m'acheter un chapeau et des gants. La tire m'embarrassait; je n'avais pas envie de l'avoir sur les bras tout ce temps-là, d'autant plus que je risquais de l'oublier sur quelque comptoir. J'ai eu l'idée de demander à Turgeon, le marchand de légumes de la basse ville, de l'envoyer porter par sa voiture de livraison. C'est un client de mon père, il s'en est fait un plaisir.

Je sortais de l'épicerie Grenier, rue Saint-Jean, sur le coup de quatre heures. Là, j'ai vu que, si je voulais revenir chez nous par le train du soir, je n'aurais pas le temps d'aller rendre visite à Mlle Carrière. Je me demandais si c'était bien nécessaire aussi. Dès que je lui avais fait parvenir la tire, ma commission se trouvait faite... puis, je me regardais aux vitrines des magasins, j'avais l'air bête avec mon chapeau trop neuf et mes gants trop jaunes qui faisaient paraître mon pardessus moins propre... D'un autre côté, je vous avais si bien promis d'y aller... quelque chose me disait que je ne le regretterais pas.

— Vous vouliez savoir si la charmante jeune fille que vous avez admirée l'hiver dernier et même tenue dans vos bras, si je ne me trompe pas, vous paraîtrait la même dans un cadre différent.

— Peut-être bien... elle est encore plus fine que je la croyais. À force de me faire «étriver*» par tout

---

* Étriver: taquiner.

163

un chacun à cause de notre aventure, j'ai pensé à elle continuellement depuis que je la connais. J'étais sous l'impression qu'elle avait appris tout ce qu'on avait dit et qu'elle était fâchée d'être venue en voiture avec moi. Mais non: elle s'est montrée avenante, pas fière... en voyant son beau sourire, j'ai été tout de suite rassuré. Au bout de dix minutes, j'avais oublié ce qu'il y avait de pas ordinaire dans ma situation. C'était bien moi, petit Jean Leclerc, qui étais, en compagnie de cette princesse de contes de fées, en train de boire du thé dans une mignonne tasse de porcelaine. Malheureusement, mes mains en paraissaient d'autant plus rustiques. La fille du roi n'avait pas l'air de s'en apercevoir. En me servant, elle parlait du bon thé chaud de tante Louise, de ses bonnes croquignoles, du charmant accueil de mes parents; elle m'a dit qu'elle n'oublierait pas de sitôt le bon tour que la pouliche nous a joué. Après ça, M. Carrière est entré, il a été aimable, il s'est mis à parler de Saint-Jean-Port-Joli — ça y fait bien d'être de la même paroisse —, je me suis senti à l'aise tout de suite. Il a une politesse pas gênante; c'est un vrai monsieur!

— C'était le bon temps de faire la grand' demande. Vous trouviez peut-être la demoiselle trop laide?

— Elle est bien trop jolie et surtout trop haut placée pour moi. Vous vous moquez, madame Tessier, vous savez bien que je ne dois pas penser à elle.

— Néanmoins, vous avez pensé à elle continuellement depuis que vous la connaissez, Jean, vous venez de le dire.

Il avait un doigt de rouge sur le front et une buée sur les yeux. Il ne répondit pas de vive voix, je vis qu'il disait en lui-même:

«C'est pas possible, ce serait trop beau... J'aurais pu être de sa classe, mais je n'en suis pas. Elle n'accepterait pas la vie que je pourrais lui faire. Même si elle ne devait pas travailler aux champs et à la laiterie, notre milieu lui paraîtrait trop commun; elle serait malheureuse et moi aussi.»

J'ai répondu à ses pensées:

«Si elle vous aime, Jean, tout lui paraîtra beau, toutes les tâches lui sembleront faciles. Chez son père, elle est forcément un peu désœuvrée, il y a si longtemps que Cati dirige la maison, Sylvie ne peut pas faire autrement que de s'en remettre à elle. Je suis sûre qu'elle préférerait souvent prendre une part plus active à la conduite de leur intérieur. Quand elle se sentira responsable du bonheur et de la prospérité d'un mari bien-aimé, de l'avenir de ses enfants, de la conduite de ses employés, vous verrez qu'elle ne rechignera pas devant la besogne. Si elle était de ces jeunes filles frivoles qui ne rêvent que bals et théâtre, je ne vous conseillerais pas d'en faire votre femme; mais elle a fait ses preuves. Elle a été à même de profiter de toutes les distractions mondaines et elle a choisi de suivre des cours, de cultiver son esprit et de vivre tranquillement dans la société de son vieux père. Comme elle est d'un naturel charmant, ses études ont servi à former son cœur et sa raison de même que son intelligence et ne l'ont pas rendue prétentieuse. Vous qui avez assez d'instruction pour apprécier la culture intellectuelle,

quelle meilleure garantie de bonheur pouvez-vous
désirer? Quelle compagne plaisante à retrouver le
soir, après les fatigues de la journée, que ma Sylvie!
Vous serez obligé de vous raser un peu plus souvent,
mais le jeu en vaudra la chandelle!

Je suis convaincue que le père Auguste va considérer ce joli mariage comme une compensation que
vous méritez pour avoir renoncé à un avenir auquel
il vous avait lui-même destiné. D'ailleurs, je suis sûre
que tante Louise et lui vont raffoler de notre Sylvie:
c'est une charmeuse! Elle saura faire la part des
choses et n'essaiera pas de contrarier leurs goûts ni
de leur faire changer leurs habitudes. Si la maison
n'était pas assez vaste pour permettre d'habiter
chacun chez soi, il pourrait y avoir des frictions...
mais établissez-vous dans le «bord du suroît*», Jean;
utilisez-le au lieu de le tenir fermé d'un bout de
l'année à l'autre. Comptez sur Sylvie pour arranger
les choses à la satisfaction de tous, et d'autant plus
que son père ne la laissera certainement pas partir
les mains vides. Elle apportera en ménage un peu
plus que le lit garni hors les rideaux, le coffre, la
chaise berçante et le rouet traditionnels.»

Il s'est mis à rire en montrant toutes ses belles
dents, puis il a dit, avec un air modeste bien joli à
voir dans le visage d'un aussi beau gars;

«Vous parlez comme si vous saviez qu'elle voudra
de moi.»

J'ai répondu:

---

* Suroît: sud-ouest.

166

«Je ne peux pas m'empêcher de penser que vous êtes pour beaucoup dans son grand enthousiasme pour Saint-Jean-Port-Joli. Quand j'ai appris qu'elle a refusé d'aller à Montréal, à Pâques, pour ne pas ajouter soixante lieues à la distance qui la sépare du pays de son âme, j'ai compris. L'attachement au pays des ancêtres, l'affection pour les vieilles amies, ça n'empêche pas d'aller se promener à Montréal. J'ai reconnu, à ce trait, le petit dieu malin.

Dans votre excessive humilité, vous croyez peut-être que Sylvie doit préférer à vous l'un des jeunes gens qu'elle a rencontrés ici, à Noël: le petit Josime Bédail, par exemple, qui chante du nez, ou bien Lauréat Sansfaçon dit trousse-culotte, qui a un si joli sobriquet, ou encore Tit'Zim à Cabas André Lolotte qui porte les prénoms et surnoms de quatre générations de Dubé... Soyez de bon compte, Jean. Vous avez dû voir, aux allusions et aux taquineries qu'on ne vous a pas ménagées, que personne ne s'y trompe puisque vos meilleurs amis mêmes ne peuvent se défendre d'un grain de jalousie. Et vous pouvez être certain que si je vous ai demandé d'aller porter la tire, c'est que je savais faire plaisir à ma jeune amie. Vous a-t-elle parlé de ses projets pour l'été prochain?»

— Oui, un peu. Elle m'a dit qu'elle ne voulait pas passer tout l'été à ne rien faire. Elle a l'intention d'aller aux champs, de travailler aux foins, de râteler derrière la charrette... Je pense bien qu'elle ne fera pas de grosses journées pour commencer, elle se fatiguera vite.

En souriant, après une pause:

— Ça me donnerait des distractions de l'avoir
avec nous autres aux champs.

— Vous a-t-elle dit qu'elle voulait aller chez vous?

— Non, mais moi je ne la laisserais pas aller
ailleurs. En tout cas, j'ai bien hâte aux vacances; on
verra bien; dans le temps comme dans le temps!

Je m'aperçois, en essayant de rapporter fidèlement notre conversation, que ma part a été beaucoup plus considérable que celle de Jean. Je prê-
chais un converti, mais qui avait besoin d'arguments
pour affermir sa foi.

Je crois sincèrement que vos affaires sont en
bonne voie, chère fille. Laissons le temps faire son
œuvre, attendons patiemment l'été. Dans le temps
comme dans le temps, a dit notre Jean.

Pour lui, ce qui presse le plus en ce moment,
c'est de trouver quelqu'un pour soigner et remplacer temporairement tante Louise. Elle s'est fatiguée
à laver les plafonds et elle fait de la température depuis quelques jours. Rien de grave, cependant; sa légère indisposition a eu pour effet d'inspirer la prudence au père Auguste. Ce printemps,
il a renoncé à labourer, craignant son tour de
rein habituel. C'est assez d'une malade dans la
maison.

En attendant mieux, ils ont Mme «Suplien»
(Cyprien) Gobeil (la bonne femme Cocotte, autrement dit) pour le train ordinaire, et des voisines
obligeantes prennent soin de tante Louise. Espérons
qu'elle se rétablira promptement.

Le beau Jacques Carrière est peut-être moins naïf
qu'il en a l'air, mon enfant. Étant jeune, comme dit

votre roublarde* Cati, il ne manquait pas de perspicacité.

Votre dévouée complice,

V.A. *Tessier*

Mlle Sylvie Carrière
à Mme Tessier

Québec, 25 mai 1913.

Chère gros'maman,

Vous avez bien parlé, je vous en remercie. Même
si vous avez exagéré considérablement mon mérite,
j'essaierai de tenir toutes les promesses que vous
avez faites en mon nom. Il n'y a rien que je ne
veuille entreprendre pour me rendre digne d'être
aimée du plus charmant garçon que je connaisse.

Je ne dis pas que papa manque de perspicacité,
chère madame, mais je prétends qu'il n'a pas eu
l'occasion d'exercer ce qu'il en a depuis longtemps;
elle est un peu rouillée. Il est distrait et à cent lieues
de penser que sa «petite dernière» puisse songer à
l'amour. Cependant, depuis la visite de mon cher
Jean, il se fait un travail dans son esprit. Il a parlé de
lui à plusieurs reprises. Une fois, il a dit:

«Sais-tu que ce jeune Leclerc est extrêmement
bien doué? Il devrait aller étudier le chant à Paris.
S'il voulait travailler sérieusement, il ne tarderait pas
à se faire un nom et, avec sa prestance, il aurait du
succès.»

---

* Roublarde: rusée.

169

Oui, je veux bien le croire; mais, précisément parce que Jean est si bien doué, je préfère qu'il demeure à Saint-Jean-Port-Joli. Un bon cultivateur est plus utile à la société qu'un beau chanteur d'opéra et sa femme a moins de sujets d'inquiétude. Je ne serais pas rassurée, même si je devais l'épouser avant son départ et le suivre comme son ombre dans la Ville-Lumière; et que deviendrais-je s'il devait être accueilli, à son retour, aussi chaleureusement que certains chanteurs étrangers!

Papa s'est reproché de ne lui avoir pas offert l'hospitalité l'autre soir, quand il avait sûrement retardé son retour à Saint-Jean pour nous apporter «sa», votre bonne tire. C'eût été plus poli; malheureusement, il est un peu tard pour y songer. Je n'avais pas attendu d'avoir fini de manger la tire, moi, pour me demander si mon Jean a des parents à la ville ou s'il a été obligé d'aller à l'hôtel. Vous ne m'avez pas éclairée sur ce point, il vous faudra combler les lacunes de votre compte-rendu.

Je ne peux plus vivre sans m'occuper de lui continuellement; il faut que je sache tout ce qui le concerne. J'espère que la vivacité de mes sentiments ne vous scandalisera pas, gros'maman. Songez que j'ai vingt-trois ans et que j'aime pour la première fois. Je n'ai pas eu, moi, une grande passion d'enfant pour un élève en versification du collège Sainte-Anne. Mon cœur n'a même pas battu pour des héros imaginaires. Je n'ai pas lu de romans, si ce n'est ceux de Dickens, Thackeray, Eliot... et quelques-uns d'Alphonse Daudet. Les grands romanciers français et étrangers, je les connais par les morceaux choisis qu'on nous faisait étudier au cours de littérature. Je n'ai pas de passé sentimental et mon bonheur à venir dépend de Jean Leclerc. Il est le grand, il sera l'unique amour de ma vie. Lui non plus n'a pas prodigué son cœur, s'il faut en croire tante Louise, il n'est pas «marieux»: c'est un point de ressemblance avec moi. Ne croyez-vous pas merveilleux, providentiel même, cette similitude d'âge, de taille, de dispositions et jusqu'à ce concours de circonstances qui nous a rapprochés?

Je vais trouver le mois de juin bien long. Papa ne sait pas encore s'il aura son exeat* dans les premiers jours de juillet, mais il en est presque sûr. Je crains les cas fortuits. «Il y a loin de la coupe aux lèvres.» Dieu veuille qu'il ne surgisse pas d'obstacle à notre réunion.

Si j'ai parlé de travailler aux foins, gros'maman, c'était pour faire comprendre à mon Jean que je suis prête à tout faire pour mériter son amour. Je ne me dissimule pas qu'il sera difficile, pour ne pas dire inconvenant, de le suivre aux champs, du moins tant que nous ne serons pas fiancés. J'ai peur de ne pas avoir souvent l'occasion de le voir, l'été prochain, excepté les dimanches et les jours de pluie. Espérons qu'il en viendra quelques-uns. Dans l'intervalle, il faudra que j'attende avec patience. J'écrirai le nom du bien-aimé sur tous les rochers du rivage comme vous faisiez dans votre jeunesse, chère amie. Jamais je ne croirai qu'il ne se présentera pas dans le courant de l'été une circonstance favorable à la

---

* Exeat: permission de quitter.

Des voisines de madame Tessier: Mathilde Fournier, veuve du pilote Alexis Pelletier, et sa sœur cadette, Marie. Elles furent toutes deux maîtresses d'école et maîtresses de poste. Vers 1900, les deux sœurs vivaient dans une grande pauvreté et les voisins leur apportaient parfois à manger. Mathilde mourut vers 1905, âgée d'environ 88 ans. Marie vécut pendant quelques années avec une bonne, Delvina dite «Vina», qui la traitait durement. Elle aurait été placée par la municipalité dans un hospice de Montmagny.

conclusion de l'entente souhaitée. J'espère en la Providence des amoureux, en votre complicité, en l'occasion, l'herbe tendre et surtout en quelque diable poussant mon beau Jean. Je me figure qu'un bon soir — un soir de grâce et de mansuétude

Des visiteurs chez madame Tessier vers 1910. Sur la galerie,
Emma Casgrain, veuve d'Arsène Michaud, et madame Tessier.

chanté par Albert Samain —, un peu après l'angélus, nous pourrions être assis, lui et moi, disons dans
les marches de votre véranda. Papa se serait dirigé
vers la jetée pour humer l'air marin et l'odeur des
cordages goudronnés des goélettes. Il a beaucoup
navigué dans son enfance, en cachette de ses
parents. C'est un beau souvenir à revivre et d'autant
plus émouvant qu'il a failli se noyer plusieurs fois.

Vous, gros'maman, vous diriez votre chapelet
comme chaque soir, assise dans votre bergère à la
fenêtre de la grande salle, et vous auriez des distractions. Alice et Régina achèveraient l'arrosage du
parterre, les voisins prendraient le frais, Delvina se
bercerait «sur» sa galerie, l'oreille au guet, un œil à
hue et l'autre à dia, comme dit votre vieux garçon;
des amoureux se rencontreraient, par hasard, en

allant faire leur prière à l'église et on entendrait au loin la voix agaçante d'un cornet à piston. Il pourrait se faire qu'une lune blonde et curieuse veuille se montrer entre les branches des érables de grand-papa, mais je n'y tiens pas. Le crépuscule sera assez poétique sans elle et il voilera insensiblement les regards indiscrets. L'odeur des fleurs montera du jardin rafraîchi... Le seringat* fera pleuvoir sur nous ses pétales blancs...

Je ne m'attends pas à une déclaration à la Cyrano, non; mais je voudrais bien ne pas être obligée de dire comme Notre-Seigneur: «Jean, m'aimez-vous»! L'année n'est pas bissextile; il a beau m'appeler «la fille du roi» comme dans les contes, je préfère ne pas être obligée d'exercer mes prérogatives royales; c'est toujours embarrassant.

Et si, dans l'ombre de votre seringat, vous voyez mettre «un point rose sur l'i du verbe aimer», vous n'en serez pas offusquée, n'est-ce pas? vous serez plutôt émue en faisant un retour sur votre passé.

Je vous le disais bien que tante Louise aurait besoin d'aide avant longtemps; je ne pensais pas que ma prédiction se réaliserait si vite. C'est malheureux qu'il soit si difficile de trouver une servante dans vos parages. Tout le monde est donc riche, à Saint-Jean-Port-Joli? C'est, en effet, à la ville que vont les jeunes filles de la campagne qui veulent se mettre en service. Quand je me marierai, j'en emmènerai une de Québec. Dès maintenant, je me ferais un plaisir de servir d'intermédiaire si nos amis se trouvent dans

---

* Seringat: arbuste à fleurs blanches odorantes.

l'embarras. Vous jugerez de ce que je dois offrir et vous parlerez en mon nom, chère madame. Je vous charge de cette négociation délicate et vous prie par la même occasion de mettre un autre comble à vos bontés (c'est peut-être trop vous demander, attendu qu'il s'agit de faire mentir un de vos proverbes favoris): entretenez l'enthousiasme de votre Jean, gros'maman, si tant est qu'il en ait. Je veux demeurer près de son cœur, malgré l'éloignement.

Depuis quelques jours, je travaille à mon trousseau... de vacances. J'ai taillé et cousu, sans l'aide de personne, une petite robe de *shantung** écru qui n'est réellement pas mal. Tout unie, avec, pour seule garniture, une rangée de boutons rouges du plus audacieux effet. 18 boutonnières! vous voyez que je ne ménage pas ma peine.

Le beau Jacques était, tantôt, plongé dans son Montaigne. Il en est sorti un instant pour me recommander de vous dire qu'il a hâte aux vacances comme un écolier. Vous pensez bien que, moi, je les appelle de tous mes vœux. En attendant, écrivezmoi, j'ai soif de vos lettres.

Votre chère fille Sylvie

P.S. — Que diriez-vous, gros'maman, si, par un beau soir de juillet prochain, vous voyiez arriver papa dans sa tunique d'écolier du collège de SainteAnne-de-la-Pocatière?

---

* Shantung: étoffe de soie d'un grain très prononcé.

*Mme Tessier
à Mlle Sylvie Carrière*

Saint-Jean-Port-Joli, 4 juin 1913

Ce que je dirais, follette! Je dirais que votre père se pense en carnaval ou qu'il tombe en enfance. Je serais bien surpris si vous retrouviez son «capot» d'écolier dans vos malles du grenier. Tel que je connais mon ami Jacques, il n'a pas dû être lent à s'en débarrasser, ses études terminées. Votre grand-mère l'a probablement donné à un étudiant pauvre. Pas besoin d'endosser les vieilles défroques pour ressusciter le passé, chère enfant: l'éclair des yeux, même pâli, l'ombre du sourire d'autrefois nous reportent tout de suite au temps de la jeunesse. Votre idée biscornue — passez-moi l'expression — nous a bien fait rire, d'autant plus qu'elle cadre avec nos préoccupations actuelles. Alice prétend que je suis trop «antique à la rose», que je devrais rajeunir ma garde-robe d'été pour ne pas paraître ridicule aux élégantes de la ville. Je me défends comme un beau diable. Me voyez-vous en blouse flottante et jupe courte? Les chiens courraient après moi. Je dis: «celles qui ne me trouveront pas de leur goût n'auront qu'à ne pas me regarder. Je sais bien que ma petite Sylvie n'aura pas honte de sa vieille amie.» J'ai lu à ma mauvaise conseillère le passage d'une de vos lettres où vous louez la sobriété de ma mise; cela lui a clos le bec, pour le moment du moins. Si je triomphe définitivement de ses atteintes à ma liberté, je n'en serai que mieux disposée à admirer

176

les audaces de votre goût; elles sont de votre âge. Je suis sûre que votre petite robe vous va à ravir et que vous devez être fière de l'avoir réussie. Quelle petite maman industrieuse vous serez, dans quelques années, avec le cœur et l'habileté que vous avez! Il me semble vous voir arriver en voiture, le dimanche, avec vos petites enfants bien mis et bien tenus par vos soins intelligents. La pouliche assagie, devenue jument — avec, probablement, un petit poulain trottinant à ses côtés —, attendra à la porte tant que l'on voudra; gros'maman sera bien contente de voir tout ce petit monde, à condition qu'il se tienne tranquille et ne touche à rien pendant que nous causerons. Vous ne serez assurément pas de ces mères de famille qui n'ont pas l'air de voir les méfaits de leur progéniture. Je prends mes précautions contre votre futur aveuglement maternel. Pardonnez ma franchise et ma prévoyance excessive, mon égoïsme pour tout dire; je crains toujours pour ma tranquillité.

Je ne vous ai pas dit, en effet, sur quel oreiller votre bien-aimé a reposé sa tête, l'autre soir, après vous avoir quittée. Je n'aurais pas pensé de m'en informer si mon terrible Élie n'était venu mettre son grain de sel, quelques minutes avant le départ de Jean, le jour de la grand explication. Pour abréger, je rapporte le dialogue sans commentaire.

— Tiens! tu es revenu de Québec!

— Comme vous voyez...

— J't'ai pas vu à l'arrivée du train, mardi soir, as-tu couché chez le beau-père?

— Non, j'ai été à l'hôtel.

— Au «Château-Frontenac» je suppose...

— Non pas... je le laisse aux Américains et aux députés de Montréal. J'ai tout bonnement pris l'escalier de la basse ville pour aller à l'hôtel «Blanchard» sur la «place des Victoires».

— As-tu fait ta prière devant la statue de Louis XIV?

— Mieux que ça, j'ai passé la nuit avec elle. À l'hôtel, on m'avait donné une chambre au premier, sur le devant. Comme je ne voulais pas manquer le train de 8 heures le lendemain matin, ma lumière éteinte, j'ai ouvert les persiennes pour être sûr de me réveiller assez tôt. La place est éclairée comme en plein jour. Je voyais tout à clair, au fond, la petite église Notre-Dame-des-Victoires et, au milieu, le buste de Louis XIV sur son terre-plein. En me mettant au lit, qu'est-ce que j'aperçois sur le mur en avant de mon ombre? Celle de la perruque ondulée et du nez en bec de corbin* du Roi-Soleil. L'honneur de sa compagnie ne m'a pas empêché de dormir et, à mon réveil, le grand roi avait repris sa distance. Accoutumé à me lever de bonne heure, avant cinq heures j'avais les yeux grands comme des piastres françaises; j'ai décidé de m'habiller tout de suite et de monter les 76 marches de l'escalier pour aller prendre l'air et voir lever le soleil sur la Terrasse. Le spectacle en valait la peine: toute la côte de Beaupré paraissait saupoudrée de mica et il y avait un arc-en-ciel sur la chute Montmorency...

---

* En bec de corbin: crochu, en bec de corbeau.

— Tu te trompes, mon garçon, de la Terrasse on ne peut pas voir la chute. Je gage que tu as vu lever le soleil sur les remparts, en regardant la fenêtre de ta blonde. C'est comme ça aussi, probablement, que tu as vu un arc-en-ciel. Mens pas!

—J'm'en cache pas, j'ai passé par là en revenant... Comme je descendais l'escalier, la messe de 6 heures et demie sonnait, deux bonnes vieilles et un petit vieux y entraient, j'ai pensé que je pourrais en faire autant en attendant le déjeuner...

— C'est édifiant! tu mérites d'aller souvent voir lever le soleil à Québec, puisque tu te conduis si bien...

Sur cette perspective agréable, le «plus joli garçon de la province de Québec» s'est retiré en souriant et, moi, comme dans les contes, je suis restée ici pour tout vous raconter.

Dormez sur vos deux petites oreilles roses, chère fille, et ne soyez pas jalouse du Roi-Soleil.

Votre vieille amie,

V.A. Tessier

Mlle Démérise Bellanger
à sa sœur Pauline

Saint-Jean-Port-Joli, 25 mai 1913

Ma chère Pauline,
Il y a longtemps qu'on se dit: «Faut pourtant écrire à Pauline, faut pourtant écrire à Pauline» et il

y a toujours eu quelque chose pour nous en empêcher. Dans le jour, l'ouvrage commande; rendu au
soir, les petits garçons font leurs devoirs, on peut pas
avoir l'encrier, ou bien on s'endort; quand c'est pas
une affaire, c'est une autre.

Aujourd'hui, c'est dimanche et il fait beau. Papa
est monté aux champs pour voir comment il va
prendre l'ouvrage demain matin; maman est avec
Mam'zelle Louise; les jeunesses sont pas revenues
des vêpres; tout le monde est sorti, excepté le chien
qui garde la maison et ton humble servante qui
garde le petit. Je l'ai installé sur le perron, au soleil,
avec Pattu, pour regarder passer les bateaux. On en
voit justement monter un beau grand à trois cheminées qui a l'air de flotter dans une brume couleur
de rose et bleu ciel. Bébé cligne les yeux en suçant
son pouce et penche sur le chien qui dort déjà; il est
à la veille d'en faire autant; j'ai l'œil sur lui tout en
écrivant.

Tu as bien de la chance, toi, d'être maîtresse
d'école: ta classe finie, plus rien à faire qu'à corriger
les devoirs des élèves. Chez les habitants, plus on en
fait, plus il en reste à faire. On a donné une bonne
escousse* depuis un mois, notre grand ménage est
presque terminé. Il reste encore la cuisine; on
retarde parce qu'il fait trop froid pour entrer dans le
fournil**, on a une couvée de petits poulets qu'il
faut tenir à la chaleur et on n'a pas fini non plus
d'égermer les patates. Le jardinage, c'est pour la

---

* Donner une bonne escousse: travailler avec ardeur.
** Fournil: hangar attenant aux maisons de ferme.

semaine prochaine. Notre savon est fait et rendu au grenier; il y en a deux belles rangées qui vont avoir tout l'été pour sécher — il nous en reste de l'année dernière. Notre couture est bien avancée aussi. Je te dis que maman a assez bien habillé les petits garçons! d'une petite étoffe grise, chinée*, tissée à la maison. Moi, je me suis fait faire par Clara Morneau un costume brun, en laine de couleur naturelle que j'ai lavée, cardée, filée, tissée, pressée moi-même et qui ne sent pas en toute le mouton. Les jumelles en ont des bleus. Elles auraient préféré du stoff** du magasin, tu comprends, mais sa mère a tenu bon. Elle leur a dit:

«Si vous êtes pas contente, mes petits filles, vous vous en gagnerez des plus beaux. Vous devriez avoir peur que le bon Dieu vous punisse d'être fière-pettes*** de même.»

Au couvent, les demoiselles du faubourg se moquent d'elles, naturellement. Mlle Germaine Babin fait bè bè bè chaque fois qu'elle les rencontre; ça leur prend au cœur mais ne les empêche pas d'être à la tête de leur classe et Mlle Babin de traîner à la queue. C'est vers le milieu de juin qu'elles vont aller chercher leur diplôme. Deux institutrices de plus dans la famille! Je me promets qu'elles vont rester un an ou deux à la maison pour nous soulager et apprendre à travailler. Elles sont trop jeunes d'abord et trop belles petites filles ensuite pour aller

---

* Chinée: dont les fils ont différentes couleurs et produisent un dessin.
** Stoff: de stuff, étoffe.
*** Fièrepettes: prétentieuses, fières.

L'église, le presbytère et le couvent de Saint-Jean-Port-Joli, vers 1910, pendant la récréation; au premier plan, les «limandes» qui servaient à attacher les chevaux pendant les offices religieux.

tenir une école au loin sans surveillance. Ce serait bien si c'était dans la paroisse: comme Imelda, y a pas de soin. Pour leur voyage à Québec, qui va se trouver dans les chaleurs, on leur fait venir des robes de crêpe de Chine du magasin Eaton sur catalogue, mais on leur dit pas d'avance. J'en aurai une moi aussi, ça va être ma robe des dimanches pour l'été qui vient; c'est si bon marché que ça vaut pas la peine de s'en faire. Tu as besoin de piéter*, ma chère, si tu veux être aussi chic que nous autres.

Maman m'a promis que j'irais au pèlerinage de la bonne sainte Anne avec Cajétan. Si tu voyais comme il a profité, cette année, notre petit gars, il

---

* Piéter: se bien vêtir pour se donner de l'importance.

est résolu pour son âge: fort comme un bœuf, smart*, je te dis, pour conduire les chevaux et toujours au-devant, toujours prêt à rendre service. Son père veut pas le forcer, il est encore trop jeune pour les gros travaux. Ça! qu'il joue bien de l'accordéon pour faire danser!

Je pense bien qu'il retournera pas à l'école l'automne prochain. C'est inutile, il a pas de talent pour les études. Il a de la misère à apprendre son histoire du Canada que c'en est une farce. C'est moi qui lui fais repasser ses leçons, le matin, avant qu'il parte pour l'école mais les petites filles sont toujours après! Chaque fois qu'il passe une goélette sur le fleuve, si c'est pas Luce c'est Lucile qui lui dit: «Regarde, Cajétan, regarde passer l'Émerillon ou la Petite-Hermine», ou bien donc: «Va vite chercher la longue-vue, je crois que c'est la Grande-Hermine qui accoste l'île aux Coudres, vois-tu débarquer Jacques Cartier».

Son père aime pas qu'on l'étrive; hier encore, il disait:

«Moquez-vous pas de lui, c'en est toujours un qui aura pas envie d'être un homme de profession. En faut pour cultiver la terre et nourrir les paresseux qui ont peur de se salir les mains. J'en sais guère plus long que lui, moi, ça m'a pas empêché d'élever une grosse famille. Je sais qui est-ce qui nous a créés et mis au monde, je sais qu'on est des Français, je sais que le pape reste à Rome: C'est tout ce qu'il faut.»

---

* Smart: éveillé, habile.

Maman arrivait de la laiterie sur ces entrefaites, elle a pris feu:

«Finis donc, mon pauvre vieux, dis donc pas de folie; y a pas de quoi te vanter. Premièrement, t'as pas tout fait tout seul, me semble que j'ai fait plus que ma part dans c't'affaire-là. T'as eu bien de la chance de m'avoir pour tenir tes comptes, sans parler du reste...»

Son père disait:

«Fâche-toi pas, 'tite femme, je disais ça pour rire.»

Il voulait l'embrasser, a dévirait* la tête en disant:

«Recule-toi, tu sens rien que la vieille pipe. Tu vas scandaliser les enfants, tiens!»

On riait, nous autres... Comme tu sais, elle a toujours le dessus, papa finit toujours par demander pardon. Ils ont raison tous les deux: ça ferait pas de mal à Cajétan d'en savoir un peu plus, mais puisqu'il n'y a pas moyen! D'un autre côté, c'est bien vrai qu'on sera peut-être bien contents, plus tard, de l'avoir pour nous donner à manger. Pour les autres, c'est pas certain mais pour moi, c'est ma destinée de rester «attachée sur le bien» et d'aider à élever les enfants de Cajétan après les petits derniers de notre mère. C'est tout naturel puisque je suis l'aînée et que je porte, par-dessus le marché, le nom de la chère mémère qui nous a tant dodichés.

Vous seriez bien surprises, hein? les jeunes, si je me mariais, à la fin, et plus richement que toutes vous autres... Ça me fait penser de te dire que l'avocat manqué à M. Auguste, le plus beau chantre

---

* Dévirer: tourner.

de Saint-Jean-Port-Joli, a une blonde à Québec. Il a été la voir, la semaine dernière, sous prétexte de placer son sucre d'érable qu'il aurait pu vendre aussi avantageusement à un commerçant de la paroisse. C'est Mme Tessier qui protège les amours. Elle a fait venir c'te demoiselle Carrière à Noël, soi-disant pour lui faire entendre une messe de minuit comme il ne s'en chante pas dans les villes. Petit l'a emmenée chez son père, on a cru que c'était par accident — il me semble qu'on t'a écrit tout ça, dans le temps — ben, ma fille, c'était tout arrangé d'avance et ça continue comme de plus belle. La demoiselle va venir avec son père passer le vacances à l'hôtel — au «Castel de la falaise» s.v.p. Si tu voyais Jean, ma chère, il porte pas à bas*. Il a toujours coutume d'être bien mis. Mlle Louise est si orgueilleuse de lui, mais ce printemps! c'est bien simple, il a l'air anglais; raide comme une barre dans son complet bleu marine, avec chemise rayée bleu pâle, cravate à pois blancs, petit feutre gris, souliers jaunes. Il met ça le dimanche, tu comprends; sur semaine, il est comme de coutume en chemise de flanelle rouge, culotte d'étoffe du pays et bottes sauvages**. Pour labourer et creuser des fossés, il peut pas faire autrement, mais «monsieur» ne se crache plus dans les mains et il endure des gants pour travailler... quand il fait chaud, c'est ressuant*** en pépère: faut souffrir pour être beau!

---

* Ne pas porter à bas: ne pas porter à terre; porter bas se dit d'un cheval qui porte la tête basse.
** Bottes sauvages: bottes de cuir artisanales, sans semelles.
*** Ressuant: provoquant la transpiration.

La maison du docteur Salluste Roy fut détruite vers 1905
pour permettre la construction d'un hôtel, le Castel des falaises,
par Philippe Fortin. Sur la galerie, madame Roy, née
Sophie Carrière, fille du marchand Charles Carrière
et belle-mère de Gustave Verreault. Le docteur Roy est
décédé dans cette maison en février 1886.
Site du Motel de la Falaise (47, de Gaspé Est).

Mam'zelle Louise a été malade depuis son ménage du printemps. Elle est un peu mieux, mais le docteur veut pas qu'elle se lève. Maman laisse son ouvrage, tous les matins, pour aller aider la bonne femme Cocotte à lui faire sa toilette et brasser son lit de plume. Il paraît que ça va être long à cause de son âge et aussi parce qu'elle s'est ruinée à travailler, à vouloir tout faire toute seule. C'est comme sa mère disait, une fois, en revenant de la voir:

«À quoi est-ce que ça sert de se morfondre pour amasser de l'argent? Tu vois Louise, par exemple, si elle avait pas tout pris sur son dos quand sa belle-

Enfants et jeunes gens devant l'entrée du Castel des falaises vers 1905; au premier plan, de gauche à droite, Paul-Émile Roy, Maurice Verreault et Joseph Roy. À l'extrême-gauche, le docteur Henri Simard, qui succède au docteur Roy.

sœur est morte, M. Auguste se serait remarié au bout de six mois, c'est bien sûr; mais s'il avait été assez raisonnable pour prendre une personne de son âge, les deux créatures auraient pu s'adonner ensemble à faire chacune sa part de l'ouvrage... On sait bien, le connaître comme on le connaît — il est assez collantfillette* —, il aurait aimé en prendre une jeune et recommencer à élever une famille. Louise a voulu

---

* Collantfillette: qui aime manifester de l'affection aux jeunes filles.

garder l'héritage pour les enfants du premier lit, travailler comme deux et se rendre indispensable. De son côté, le bonhomme a calculé qu'une personne de sa capacité se trouve pas à tout bout de champ.

Tout ça pour aboutir à marier Jean avec une fille de la ville qui trouvera bien moyen, elle, de se faire servir et de les faire dépenser leur argent... mais, c'est pas encore fait ce mariage-là. Si Pauline avait été plus fine, l'année dernière, quand elle a été fille suivante* aux noces de Zélie. M. Auguste l'appelait ma p'tite bru par ci, ma p'tit bru par là; il a dansé avec elle, a voulu la prendre par la taille, lui voler un bec... une amitié! mais une amitié! C'est vrai qu'il avait mis un clou dans son verre de bière**, mais n'importe. Louise, elle, avait rien pris, elle était dans les mêmes sentiments. Souventes fois, elle m'a donné à entendre que Pauline pourrait relever d'elle. Jean disait pas oui, mais il disait pas non. Si Pauline avait su s'y prendre il aurait fini par se déclarer. Quand on pense qu'elle aurait pu s'établir proche de nous autres, résider au bord de l'eau, vivre en dame tout en travaillant et qu'elle a mieux aimé attendre son commerçant de prunes de Montréal qui a une blonde dans chaque paroisse qu'il visite depuis Vancouver jusqu'à Halifax. J'espère que ça va finir cette histoire-là. Je lui ferai écrire qu'elle s'en revienne tout de suite après son examen. Pas de traînage à Montréal!»

---

* Fille suivante: fille d'honneur.
** Mettre un clou dans son verre de bière: mettre un peu de spiritueux dans une boisson peu ou pas alcoolisée.

Ma fille, fais-en ton profit, la commission est faite.

Imelda vient à la maison presque tous les dimanches. Elle dit que, si tu fais la folle, elle va se pousser pour Jean, elle; qu'il ne faut pas se laisser couper l'herbe sous le pied par la demoiselle de Québec. Tu sais qu'Imelda a deux ans de moins que toi et des cheveux blonds comme on en voit rarement.

Zélie attend la maladie* à la fin du mois. Sa mère ne peut pas faire autrement que d'aller passer quinze jours avec elle. Les maîtresses d'école vont être obligées de mettre la main à la besogne, je ne pourrai pas suffire. C'est bien de valeur mais c'est comme ça. Tout le monde, à la maison, a bien hâte de te voir. Bébé t'embrasse à la pincette**.

Ta vieille Démerise

Mam'zelle, faut pas me marquer une mauvaise note à cause des taches d'encre; ma plume crache comme un «chiqueux***»!

---

* Attendre la maladie: prévoir accoucher.
** Embrasser à la pincette: embrasser en prenant les joues avec le bout des doigts.
*** Chiqueux: qui chique du tabac.

Mlle Pauline Bellanger
à Mme Tessier

Sainte-Martine, 10 juin 1913

Mme V.A. Tessier, Saint-Jean-Port-Joli.

Madame,
Vous vous demandez sans doute en quel honneur je vous écris et ce que je peux avoir de si pressé à vous dire puisque je dois retourner à Saint-Jean dans quinze jours.

Je n'abuserai pas de votre temps et de votre complaisance, je préfère parler franchement tout de suite. Je viens d'apprendre par ma sœur Démerise que vous avez entrepris de marier Jean Leclerc avec une demoiselle Carrière, de Québec. Vous ne devez pourtant pas être sans savoir qu'il a déjà été question de mariage entre Jean et moi. Je mentirais si je disais qu'il m'a demandée — il est si curieux des fois, on dirait qu'il n'est pas dans sa vocation —, mais ses parents l'ont quasiment fait pour lui. Il va falloir qu'il prenne une décision prochainement parce que mademoiselle Louise est à la veille de manquer complètement. Pensez-vous, madame Tessier, qu'une demoiselle qui n'a jamais rien fait de ses dix doigts est la personne qu'il faut mettre à la tête d'un gros train de cultivateur? Malgré la meilleure volonté du monde, elle ne pourra pas s'accoutumer à la besogne: c'est trop fort pour elle. Je ne la vois pas entrer à l'étable à 7 heures du matin, en hiver ou au printemps de bonne heure, en bottes sauvages, un fanal à la main, pour traire les vaches, sevrer les veaux et les accoutumer à boire en leur donnant ses beaux doigts à sucer. Je la vois encore moins soigner les cochons (sauf votre respect) quand les hommes sont aux champs. Vous me direz que ce qu'elle ne pourra pas faire elle-même, elle le fera faire et qu'il y a toujours moyen de s'arranger avec de l'argent... Oui, mais vous savez comme moi, madame, que les cultivateurs qui ne font pas leur ouvrage eux-mêmes s'appauvrissent au lieu de s'enrichir.

Vous rendez un mauvais service à Jean et même à votre amie en favorisant les fréquentations. Je comprends que Mlle Carrière le trouve de son goût, il n'est pas déplaisant: il est joli garçon, il chante bien, il est en moyens; je suis capable de m'en apercevoir aussi bien qu'elle. Mais elle l'a vu endimanché et la barbe faite, elle ne l'a pas vu dans ses hardes de travail avec une barbe de huit jours. Elle l'a entendu chanter des cantiques, elle ne l'a pas entendu sacrer après ses animaux. Elle pourrait avoir des désillusions et vous faire des reproches plus tard. L'amour est aveugle, je le sais par expérience, mais on finit toujours par ouvrir les yeux et on peut remercier le bon Dieu quand on les ouvre avant de s'être passé la corde au cou.

Vous vous souvenez peut-être du temps que j'enseignais à l'école du faubourg. Je venais de sortir de l'École normale de Québec avec le prix du prince de Galles — je n'en étais pas plus fière, il me semblait que je l'avais gagné trop facilement. Vous me voyiez passer après ma classe, je faisais chaque jour une demi-lieue à pied, beau temps, mauvais temps, pour aller aider ma mère à traire ses vaches. Le lendemain, quand je repassais devant chez vous, j'étais debout depuis cinq heures pour traire encore les vaches avant de revenir à mon école. Souvent, vous étiez dans votre parterre, le soir, quand je traversais le village, vous me faisiez des compliments avec un aimable sourire, vous disiez:

«Cette petite Bellanger a du cœur... c'est du bon butin... le garçon qui l'aura pour femme ne sera pas à plaindre...» ou quelque chose comme ça. Je savais bien qu'il fallait en prendre et en laisser, mais je n'aurais jamais cru que vous voudriez nuire à mon établissement!

Madame Tessier, donnez-moi une petite chance: trouvez le moyen d'empêcher Mlle Carrière de venir passer ses vacances à Saint-Jean-Port-Joli. Si Jean l'aime, il sait où elle reste, elle n'a pas besoin de courir après... Aussi je vous demande en grâce de ne pas dire à Jean que je vous ai écrit. C'est le moins que vous puissiez faire pour réparer le tort que vous m'avez causé.

Pardonnez-moi la liberté que je prends; c'est en s'expliquant qu'on se fait comprendre. J'espère, madame, qu'en le faisant, je n'ai pas manqué au respect que je vous dois.

Votre humble servante,

Pauline Bellanger

*Mme Tessier
à Mlle Sylvie Carrière*

Saint-Jean-Port-Joli, le 7 juin 1913

J'aurais voulu vous épargner, chère Sylvie, le moment d'inquiétude que les dimensions extraordinaires de ma lettre et son apparence protocolaire ont dû vous causer. Le papier de Pauline est si raide que je n'ai pas réussi à le plier au format de mes enveloppes habituelles. Cette préparation, toute désagréable qu'elle est, a, je l'espère, amoindri l'impression pénible créée par le contenu de la grande enveloppe, par cette mise en demeure, cette prière faite sur un ton de commandement. J'ai hésité pendant plusieurs jours avant de vous en faire part; si je m'y suis décidée, c'est que je veux ne vous rien cacher. Je vous conjure de n'en tenir aucun compte. La demoiselle est à pic, mais ses petites leçons ne me font pas peur: ma conscience est en paix. Tout ce que je peux faire, c'est de ne pas avertir Jean de son immixtion dans ses affaires de cœur et, si je m'en abstiens, c'est moins par égard pour elle que par crainte de mettre la brouille entre deux familles qui ont des clôtures et des fossés mitoyens et qui se sont toujours bien entendues jusqu'ici.

Notre Jean ne se doute pas encore de la sollicitude que lui-même et son beau bien de famille inspirent à l'impérieuse Pauline; elle n'a pas fait son apparition dans le pays jusqu'à présent. Dimanche, il est venu renouveler sa provision d'espérance et m'a demandé si vous profiterez de la fête de la

Confédération pour fuir la ville ou si vous retarderez votre venue de quelques jours. J'ai répondu que votre dernière lettre ne précisait pas vos intentions et j'ai ajouté:

«Pourquoi n'écrivez-vous pas à Sylvie pour vous en informer? Je suis sûre qu'elle s'empressera de vous renseigner.»

Il m'a avoué en rougissant violemment qu'il vous a déjà écrit plusieurs lettres mais qu'il n'a jamais osé en mettre une seule à la poste.

Dans ces conditions, je crois que vous pourriez sans inconvenance prendre l'initiative. Je vous permets de lui dire que je vous ai mise au courant de ses velléités de correspondance. Un petit mot de votre main fera plus d'effet que tout ce que je peux imaginer pour l'encourager.

Venez le plus tôt possible, chère fille. Toute la nature est en fête dans l'attente de votre visite. L'herbe de Québec n'est pas d'un aussi beau vert que celle de Saint-Jean; elle n'est pas parsemée comme elle de violettes et de fleurs de fraisiers. Tout mon monde, Mme Rivet en tête, a hâte de vous voir... et moi donc!

V.A. Tessier

Mlle Sylvie Carrière à Mme Tessier

Québec, 25 juin 1913

Chère bonne amie,

Malgré tout ce que votre bon cœur vous a inspiré pour amortir le coup porté à mes espérances par la lettre de Pauline Bellanger, je reste extrêmement inquiète; j'ai peur de ne pas pouvoir aller à Saint-Jean. Pauline n'est plus la seule à vouloir mettre obstacle à mon bonheur; étourdiment je me suis attiré d'autres adversaires. Il faut que je vous dise comment cela est arrivé.

Samedi soir, après le souper, la vraie Sylvie, l'habitante de Saint-Jean-Port-Joli, courait en imagination dans l'herbe parsemée de violettes à la recherche de son bien-aimé. L'autre, celle qui est obligée de rester à Québec et de dissimuler, ne se sentant pas en air de causer agréablement, avait pris au hasard dans la bibliothèque un ouvrage de Nietzsche intitulé: «Ainsi parlait Zarathoustra». Je l'avais déjà lu à tête reposée sans m'y intéresser beaucoup et, à vrai dire, sans y comprendre grand-chose. Ce soir-là, le cerveau vide, les cils lourds de larmes, je le tenais, sans m'en apercevoir, comme semblent l'avoir tenu la plupart de ceux qui ont tenté de l'expliquer. Papa n'avait pas remarqué mon abattement. Il se promenait à l'accoutumée, les mains derrière le dos, de la salle à manger bien éclairée au salon presque complètement obscur. La lanterne du vestibule y traçait toutefois une allée de lumière qui faisait briller au fond de la pièce les

195

appliques du secrétaire et ressortir la blanche figure d'un petit buste de marbre et de bronze, «l'Accordée* de village», dont père a fait récemment l'acquisition. Il l'admire d'autant plus qu'il s'en reproche la folle dépense. À chaque tour il s'arrêtait pour le contempler. À la fin de son exercice, après un dernier et long regard au charmant objet, il revenait vers moi en disant:

«Sais-tu que ce petit visage a une beaucoup plus jolie expression que l'original du tableau de Greuze?»

Ce n'était pas la première fois qu'il en faisait la remarque; je me crus dispensée de dire quelque chose, d'autant plus que moi, je n'ai vu le tableau de Greuze qu'en reproduction. Il ajouta: «Qu'en penses-tu?» en même temps qu'il se penchait pour regarder ce que je lisais. Surpris, il s'est mis à rire et à dire:

— Est-ce pour apprendre à danser au-dessus de ta tête que tu tiens Zarathoustra à l'envers?

J'ai répondu, la voix enrouée:

—J'aurais bien besoin d'apprendre... et, prise d'un grand désir de me décharger le cœur, j'ai continué: Papa, j'ai quelque chose à te dire, veux-tu m'écouter? Sans me laisser arrêter par son air tout de suite ennuyé, bientôt renfrogné et qui le devenait de plus en plus à mesure que j'avançais dans mes confidences, j'ai raconté mon pauvre roman depuis ma première impression dans l'église de Saint-Jean-

---

* Accordée: fiancée.

Port-Joli, le dimanche, 11 août 1912, jusqu'à la lettre de Pauline inclusivement. Il s'était d'abord assis dans une attitude de confesseur: de profil, l'oreille tendue, les yeux dans le vague, un coude appuyé au bras du fauteuil: puis il s'était levé et tournait autour de la table, les mains aux hanches, le nez pointu, les narines gonflées. Mon aveu terminé, il m'a considérée un long moment sans parler, hochant la tête avec un air de compassion exagéré. Le mécontentement persistait dans ses yeux, mais bientôt une lueur de gaieté, isolée du reste de la physionomie par des guillemets de rides, se montra entre moustache et barbiche. Le cœur battant, les yeux suppliants, j'attendais au moins un mot de pitié affectueuse: aussi peu que «pauvre petite fille!» m'aurait fait du bien. La lueur vacilla, se fendit, et laissa tomber moqueusement:

«Je ne te vois pas bien en "accordée de village".»

Dimanche, à mon retour de la messe de huit heures, j'ai trouvé Hélène en train de déjeuner avec papa. Elle est venue par le bateau de Montréal passer la journée avec nous. J'ai vu tout de suite qu'elle était déjà au courant de mes affaires de cœur et toute disposée à ne pas les prendre au sérieux. J'ai rabattu un voile de glace sur mon visage et le sujet n'a pas été abordé directement.

Elle m'invite, comme chaque année, d'aller à Valois passer les mois d'été avec la famille. Je l'ai remerciée et informée que papa aura ses vacances en juillet cette année et que nous irons ensemble à Saint-Jean-Port-Joli. Elle s'est écriée:

La maison natale d'Élisa Michaud a successivement
appartenu à Eugène Fortin, Léo Caron et Maurice Lapointe.
Elle était située en face de celle de madame Tessier. Après
l'avoir acquise, vers 1960, Antoine Picard la recula
et la haussa d'un étage (274, rue Blanche-d'Haberville).

«Tu me surprends, il vient de me dire qu'il ne
pourra pas quitter son bureau avant le 15 août, son
ministre est absent et ne sera pas revenu avant cette
date.»

— Alors, je resterai aussi à Québec, ai-je
répondu.

Le beau Jacques est demeuré muet, absent... Il a
repris intérêt à la conversation quand Hélène lui a
annoncé son départ pour l'Europe avec Gustave et
les enfants, dans les premiers jours de septembre. Ils
comptent voyager dans la région de Bordeaux pendant les vendanges, longer la Côte d'Argent et se
rendre jusqu'à Burgos, en Espagne. Bon voyage!

Voilà la situation, elle n'est pas rassurante. Je n'oserai plus parler de mes projets. Papa a manifestement changé d'idée; il a renoncé à revoir son pays natal et n'a plus envie de racheter la maison paternelle. Le fin fond de l'affaire, gros'maman, c'est que ce petit-fils de cultivateur ne veut pas avoir un habitant pour gendre, fût-il le mieux doué des jeunes gens du pays. Il renie ses origines et ses principes. En ai-je assez entendu de ses tirades sur la beauté et la noblesse de la vie rurale! Mis en demeure de prouver sa sincérité, il renâcle. Il est vrai qu'il a consenti sans la moindre hésitation au mariage d'Hélène avec un fils de cultivateur... Mais c'est parce que les braves parents de Gustave, trop pauvres pour l'établir sur une terre, l'ont placé dès l'âge de seize ans en qualité de «bell boy» dans une maison de courtage et que, à force de ramasser les bouts de ficelle et de porter les papiers d'un bureau à l'autre, le jeune homme est parvenu à s'initier aux affaires et à réussir dans la spéculation. La tache originelle se trouve effacée.

Gros'maman, un passage de la lettre de Pauline Bellanger bien qu'entachée de canadianisme — ce qui est impardonnable à une institutrice diplômée, primée du prince de Galles — m'a permis un peu d'espoir. Elle vous écrit: «Si Jean l'aime, il sait où elle reste, elle n'a pas besoin de courir après.» C'est admettre que Jean ne l'aime pas, elle, Pauline, puisqu'elle a recours à des manigances pour m'éloigner de lui. Je veux avoir confiance: si Jean m'aime réellement, en effet, il sentira que je l'appelle de toutes les forces de mon âme et il viendra me chercher. Il faudra bien alors que papa consente à mon bonheur; sinon, je deviendrai nietzchéenne... je briserai les vieilles tables.

J'espère ne pas être obligée d'en venir là. La sécheresse de son cœur n'est que superficielle, j'en suis persuadée. L'âge, le fonctionnarisme, la fréquentation de l'ami Montaigne, ont déposé une croûte que j'essaierai de percer ou de soulever pour donner de l'air à ses bons sentiments. Et puis, Hélène ne sera pas toujours là pour défaire mon ouvrage par son snobisme. Encore dernièrement, il parlait du bonheur qu'il aurait à revoir son petit pays; je ne peux pas croire qu'il y renonce tout à fait. Mais je ne veux pas attendre au 15 août. Pendant que je me morfondrai à la ville, la grosse Pauline tendra des pièges à mon beau Jean. Venez à mon secours, gros'maman, trouvez quelque chose. Le ministre du commerce a bon dos, dites à mon chéri qu'il est seul responsable de modifications apportées à notre programme. Dites-lui, de plus, que je l'aime de tout mon cœur, tout au moins, faites-lui entendre. Dites que je me désespère à l'idée d'attendre encore; faites comme si c'était pour vous, chère gros'maman, sauvez le bonheur de

Votre malheureuse fille,

Sylvie

Mme Tessier
à Mlle Sylvie Carrière

Saint-Jean-Port-Joli, 2 juillet 1913

Chère enfant, je suis peinée de ce qui vous arrive. Que voulez-vous que je dise? Je ne peux pourtant pas vous conseiller la révolte, ni des démarches inconsidérées qui pourraient tourner à votre confusion. Les vieilles tables ont du bon et elles sont encore solides au pays de Québec. Essayez plutôt d'amener votre père à votre point de vue... et faites vite. Pauline a déjà tendu ses filets et la confiance de notre beau coq a été fortement ébranlée par la nouvelle de votre reculade. J'ai eu beau dire et redire que ce n'est pas votre faute, que vous en souffrez plus que tout autre, le ciel de ses yeux s'est couvert de nuages. Je répétais: c'est un gros désappointement pour Sylvie que ce retard, elle était si impatiente de revoir Saint-Jean et nous tous, vous surtout, Jean, vous plus que tous les autres, elle n'a pas pu changer d'idée si vite, il a dit:

«C'est encore drôle, si elle a parlé de moi à ses amies de la ville... tenez, à sa sœur la grosse dame de Montréal seulement, elle a dû faire rire d'elle. Songez donc, une jeune fille de la société s'intéresser à un campagnard, un habitant, et du «bas-de-Québec» par-dessus le marché, c'est le comble du ridicule!»

Ce n'est pas lui qui m'a parlé des agissements de Pauline, c'est la bonne femme Cocotte.

Nous avons eu les Quarante-Heures la semaine dernière, la bonne femme est venue à confesse

L'Ermitage (56, rue de l'Ermitage), contruit vers 1907, par l'abbé Adalbert Blanchet, prêtre retraité à Saint-Jean-Port-Joli. L'abbé Blanchet avait été curé-fondateur de Saint-Adalbert puis curé à Saint-Joseph de Beauce où il avait eu «une petite difficulté avec les religieuses»: dans une querelle sur l'aqueduc, il avait notamment qualifié la supérieure de «grande face blême»...

vendredi dans l'après-midi et, en revenant de l'église, elle a rattrapé Alice au moment où celle-ci entrait à la maison. Je venais de la voir passer et je croyais bien qu'elle avait continué tout droit lorsque je l'ai entendue jaspiner* dans la cuisine. L'instant d'après, elle paraissait à la porte de la salle en s'annonçant:

---

* Jaspiner: bavarder.

«C'est la mère Suplien Gobeil, mame Tessier, qui vient vous donner le bonjour en passant. Je me suis ennuyée des gens du faubourg depuis trois mois, pensez-y. Je suis venue de la demi-lieue juste pour entendre la messe du dimanche et, pour bien dire, en courant. J'veux pas être longtemps, mais j'peux toujours m'assire un p'tit brin.» Sans en attendre la permission et sans interrompre son discours, elle s'installait en face de moi, étalait ses jupes et dénouait les brides de son «chapeau à bec».

—«Je suis moins captive que je l'ai été tout le printemps; d'abord Mlle Louise va et vient dans la maison, j'ai pas besoin de me tenir aux aguets. Surtout depuis que Mlle Bellanger, l'institutrice, est arrivée chez ses parents pour les vacances, j'ai du temps à moi. Elle vient souvent faire son petit tour. Mlle Louise est contente de la voir; c'est une compagnie pour elle et la demoiselle lui rend toutes sortes de petits services. Quand elle a tombé malade, Mlle Louise, le gros du ménage de printemps était fait mais il restait encore bien des choses à terminer. Vous savez ce que c'est: laver et repasser les dessus de commodes, les rideaux de châssis «et cetera»... Moi, j'allais au plus pressé et j'en avais tout mon raide*, le reste... marche! La demoiselle s'y est mise tout de suite la première journée, elle a arrangé tout ça au goût de Mlle Louise. Les papiers bleus des châssis sur le devant et les côtés de la maison sont roulés à la hauteur qui lui plaît, tous les petits glands pendent de la même façon, pas un qui dépasse

---

* En avoir tout son raide: employer toutes ses forces.

l'autre. Les rideaux de jaconas* ont été repassés en surplis comme du temps de la grand-mère Leclerc.

La petite sorcière sait s'y prendre pour se faire aimer: Je vous dis qu'elle a fait un gros plaisir aux hommes de la maison au commencement de la semaine. Depuis betôt trois mois on mangeait le pain d'Alph. Abet, le boulanger du faubourg. Quoi est-ce que vous voulez? Moi, je suis trop vieille pour me remettre à la huche, c'est bien trop éreintant. Ça le faisait exprès, le blé avait été moissonné dans le beau temps, l'automne passé, jamais la farine n'avait été aussi belle que cette année. On voyait que M. Auguste y pensait en mangeant son pain blanc, y était triste... Ça se comprend, qu'est-ce qu'il y a de meilleur au goût, de plus nourrissant et de plus naturel que le bon pain de ménage!

Mam'zelle Bellanger me dit, lundi matin:

«J'ai envie d'essayer à cuire, pas une grosse fournée, une petite. J'sais pas si je réussirai, j'ai un peu perdu le tour depuis que je fais la classe. Vous connaissez le four mieux que moi, vous, mame Suplien, vous m'aiderez à le chauffer à point, le reste ira bien, j'ai ça dans le bras. Je préparerai le levain avant que les hommes reviennent de leur ouvrage, parce que je veux leur en faire la surprise. Faut pas en parler.»

Mlle Louise était du complot et toute transportée; elle avait hâte au lendemain comme une enfant. De temps en temps, alle allait soulever le couvercle de la huche pour voir si la pâte levait comme y faut,

---

* Jaconas: étoffe fine en coton d'un tissu peu serré.

si a faisait des yeux, a disait: «J'pourrai pas en manger beaucoup, mais j'aurai toujours l'agrément de l'sentir et de voir les autres en manger.»

M. Auguste, lui, l'avait senti de loin en ramenant les vaches du champ, le lendemain soir. Croyant que l'odeur venait de chez les voisins, y disait en lui-même — à ce qu'y nous a raconté —: «Ys ont donc de la chance eux autres de se nourrir du blé qu'ys ont récolté.»

Vous pouvez vous imaginer s'il a été content en arrivant à table d'apercevoir le beau gros pain renflé qui trônait sur la planche. Tout lui riait dans le visage. Il a exclamé:

«Qui est-ce qui m'a fait ce beau plaisir-là?»

Mlle Louise a répondu, en me faisant un clin d'œil:

«Ça te reste à savoir, mon vieux, mange, on te l'dira après.»

Le souper fini, en faisant son dernier signe de croix, alle a déclaré:

«Après le bon Dieu, c'est Pauline qu'il faut remercier de ce bon pain-là.»

M. Auguste a cogné du poing sur la table en disant:

«Alle est bonne à marier!»

J'ai demandé: «Jean, lui, qu'est-ce qu'il a dit?»

— «Rien, y a rien dit, y a mangé avec appétit. Y est jamais ben jasant si vous avez remarqué; depuis un bout de temps il l'est encore moins; on dirait qu'il a perdu un pain de sa cuite. Changement de propos. Vous allez dire que je suis bien curieuse, mame Tessier, mais dites-moi donc si c'est vrai que votre demoiselle de Québec viendra pas à Saint-Jean à c't-été, on l'a entendu dire à travers les branches?»

J'ai riposté par une autre question:

— «Est-ce que Pauline ne doit pas se marier bientôt avec un marchand de Montréal?»

— «Non, ma bonne dame, non. Ça, c'est de l'histoire ancienne, c'est fini, fini, fini... à ce que j'ai cru comprendre, du moins... J'ai l'oreille dure — c'est bien pardonnable à mon âge —, j'veux pas non plus avoir l'air d'écouter ce qu'a dit à mam'zelle Louise en secret. Bon, je m'ennuie pas, mais y faut que j'me sauve. Sans rancune, mame Tessier!»

Les choses en sont là, de ce côté.

Sylvie, si j'écrivais à votre père pour l'inviter de venir, avec vous, passer la prochaine fin de semaine à Saint-Jean, chez moi, sa vieille amie, pensez-vous, chère fille, que j'aurais chance d'obtenir une réponse favorable? Il ne pourra pas se dérober en prétextant le devoir professionnel, il est libre de disposer, comme tous les autres, de sa journée du dimanche. Sondez le terrain; je ne veux pas m'aventurer à la légère, sortir mon papier à lettres de luxe et mes phrases des dimanches pour m'attirer un refus entortillé dans une lettre ironique, et peut-être compromettre votre cause. Dites-moi ce que je dois faire, mon enfant, et comptez sur le dévouement et l'affection de la bonne femme Tessier.

Mlle Sylvie Carrière
à Mme Tessier

· Québec, 15 juillet 1913

Chère gros'maman,

Il ne faut pas écrire à papa, vous en seriez pour vos frais de style et de papier. L'ingrat vous répondrait qu'il regrette mais qu'il est obligé, vu les circonstances, de remettre à plus tard le plaisir de renouer avec vous et Saint-Jean-Port-Joli. Je ne sais pas s'il ajouterait autre chose, s'il oserait vous faire des reproches quand je lui ai si bien dit et prouvé, lettres en mains, que vous m'avez conseillé dès le début de me confier à lui. Mais il m'en veut parce qu'il me fait de la peine, parce que je ne veux pas entendre raison et profiter de son expérience. Non, il n'ira pas à Saint-Jean-Port-Joli, il ne donnera pas dans le panneau; il se méfie des femmes et de leurs moyens de persuasion, des vôtres en particulier, gros'maman; c'est flatteur, n'est-ce pas? Il s'aperçoit que vous dépensez à protéger ma petite intrigue un fonds romanesque inemployé, accumulé durant vos quarante années de vertueux veuvage. Vous vous mettez à ma place en imagination, vous revivez — il ne veut pas dire vos quinze ans, ce serait fatuité de sa part — disons votre vingtième année et vous semblez avoir totalement perdu le sens de la réalité.

Voilà pour vous, gros'maman. Mon paquet, à moi, a été beaucoup plus considérable. Si l'explication a été orageuse, ce n'est pas que j'aie eu la chance de placer un mot pour défendre mon amour. Le tonnerre et les éclairs étaient de son côté et la pluie du mien; je pleurais comme une Madeleine pendant qu'il fulminait. Je résume. S'il s'oppose à mon mariage avec un cultivateur, ce n'est pas qu'il méprise ou dédaigne sa condition de paysan, loin de là, c'est, au contraire, parce qu'il en a une très haute idée. D'après lui, c'est une sorte de paradis où l'on ne peut plus entrer quand une fois l'on en est sorti, soit par sa propre faute, soit par celle de ses parents. La terre rejette à jamais ceux qui lui ont été infidèles, elle leur refuse ses dons. À l'entendre, j'apporterais la ruine au foyer prospère de la famille Leclerc. Je ferais manquer la récolte ni plus ni moins.

— Tu ne penses pas devenir une vraie femme de cultivateur du jour au lendemain, par la vertu du sacrement de mariage. Il aurait fallu te mettre en apprentissage beaucoup plus tôt, ma fille. C'est une «éducation de prince» qui doit commencer dès le berceau et qui exige une atmosphère spéciale. Il faut être né là-dedans, quoi!

— Ah! je comprends, tu aimes pour la première fois, du moins je le suppose, et le gars est séduisant, j'en conviens; un peu gauche, peut-être, mais il n'y a pas à dire, c'est un beau mâle. Si la vie conjugale n'était qu'un long baiser, je nouerais moi-même autour de son cou tes mains exquises emmanchées de tes jolis bras blancs et je me retirerais discrètement sur la pointe des pieds. Malheureusement, etc.

— Mon devoir de père m'oblige à te protéger contre toi-même, à te montrer le danger des emballements. Du reste, ce que j'en dis, c'est pour ton bien et pour celui de ce brave garçon; tu feras bien ce que tu voudras, tu es majeure. Seulement, je t'avertis que je ne me prêterai pas au jeu que vous menez, madame Tessier et toi. De même, je te conseille, dans ton intérêt, de renoncer à te mesurer avec l'impétueuse maîtresse d'école; ta dignité et ton amour-propre pourraient en souffrir. Quant à ton merle blanc, si tu veux qu'il te recherche, affecte l'indifférence, tiens-le à distance. Si tu voulais m'en croire, tu irais à Valois au lieu de rester à Québec en plein mois de juillet. Tu ferais plaisir à ta sœur, tu retrouverais tes amies de Montréal et les distractions qui ont suffi à ton bonheur à venir jusqu'à présent. Fais la bonne fille, tu ne le regretteras pas.»

Qu'est-ce que vous pensez de ça, gros'maman? On dirait que papa n'a jamais été jeune, qu'il n'a jamais aimé! Quelle panacée que les courses de Blue Bonnets et les régates de Sainte-Anne-de-Bellevue pour un cœur malade!

Comment aussi mon pauvre Jean oserait-il me demander en mariage si j'ai l'air de le fuir, s'il ne trouve jamais l'occasion de causer avec moi? Pendant que je suis ici à grelotter d'angoisse par cette température d'étuve, l'odieuse Pauline tourne autour de lui dans la liberté des champs embaumés de foin coupé, de menthe, de trèfle rouge. Légère et court vêtue, elle se fait guêpe et sauterelle; elle le frôle, le pique, le harcèle, osant chaque jour davantage. Je vois ça d'ici... et l'on voudrait que le pauvre garçon se dise, le soir, après sa journée de travail lourde de chaleur et d'agaceries: «Il y a là-bas, sur les remparts de la vieille cité de Champlain, une jeune fille froide et réservée dont les actions et les aspirations mêmes sont rigoureusement asservies au code des convenances. Nonobstant, j'ai tout lieu de croire qu'elle daignerait peut-être abaisser ses regards sur moi si elle n'était pas si étroitement surveillée par un père noble du répertoire, retranché derrière cinq vieux canons aveugles. Au prochain jour de pluie, je me ferai la barbe, je prendrai le train de nuit et un alpenstock*, j'escaladerai les sommets glacés de la Côte-de-la-Montagne et de son balcon. À la faveur des ténèbres — au risque d'attraper des engelures —, je la soustrairai à la vigilance de son gardien et je l'emporterai à la maison. En attendant les formalités d'usage, je placerai ma Notre-Dame-des-Neiges sur le petit autel d'angle de ma chambre à coucher, à côté de ma statue de la bonne sainte Anne; le même lampion servira aux deux.»

Je divague, gros'maman, mais avouez qu'il y a de quoi! J'accorde à la volonté paternelle un mois plein de soumission absolue, à compter d'aujourd'hui. Je ne remuerai pas un doigt pour communiquer avec Jean, pas même par votre intermédiaire, pendant tout ce temps, et je sens que j'ai tort, mais je tiendrai ma promesse. Par exemple, je ne veux pas bouger de Québec. Si, le 15 août, papa n'est pas revenu à des idées plus justes, je partirai pour Saint-Jean-Port-Joli. Je n'irai pas chez vous, pour ne pas vous mettre dans une fausse position. J'irai tout droit trouver Jean aux champs, à l'étable ou à l'écurie. Qu'il soit

---

* Alpenstock: bâton ferré qui sert aux excursions en montagne.

en train de panser Castor ou d'étriller la pouliche, je me jetterai dans ses bras, je m'offrirai. S'il ne veut pas de moi, je reviendrai à ma courte honte, mais au moins j'aurai tenté quelque chose, je saurai à quoi m'en tenir. À mon retour, si papa me ferme sa porte, je ne réclamerai pas mes droits, je travaillerai pour gagner ma vie et l'on verra si je ne sais rien faire de mes dix doigts.

Mme Rivet vous avait mise en garde, l'été dernier, contre l'égoïsme des Carrière, des Carrière, des Carrière... Vous avez fait la sourde oreille, vous avez préféré écouter la voix magique du passé et celle de votre cœur généreux. Vous en êtes bien mal récompensée, chère gros'maman.

Pardonnez au père son injustice et, à la fille, le trouble qu'elle a jeté dans votre vie paisible. Gardez-moi votre affection, amie unique, j'en ai plus besoin que jamais.

Sylvie

Mme Tessier
à Mlle Sylvie Carrière

Saint-Jean-Port-Joli, 13 août 1913

J'ai toujours été d'opinion, vous le savez, chère Sylvie, que votre père est meilleur juge que moi en ce qui vous concerne, j'en suis de plus en plus persuadée. La forme railleuse de son raisonnement ne change pas la justesse du fond; seulement, elle le rend encore plus douloureux à votre cœur. Il aurait pu prendre un autre ton, mon ami Jacques, «les gens d'esprit font de ces bêtises». Cependant, s'il traite cavalièrement vos affaires sentimentales, c'est que, probablement, il ne veut pas paraître les prendre au sérieux; mais ça ne signifie pas qu'il n'a jamais aimé. Une femme au moins, votre mère, a su gagner son cœur puisqu'il a été si malheureux de sa mort et qu'il est resté fidèle à sa mémoire, du moins en apparence. Ce n'est sûrement pas, non plus, parce qu'il n'a jamais été aimé! Si vos larmes l'irritent, c'est tout bonnement qu'il est un homme et qu'il ne veut pas se laisser attendrir. C'est aussi, peut-être, qu'elles lui rappellent d'autres larmes qu'il a fait couler, qu'elles le forcent à se souvenir de certaines cruautés de sa jeunesse qu'il aimerait mieux ne pas avoir commises. Je ne fais pas ici allusion à cette première flambée dont j'ai été la victime, il en était aussi innocent que moi. Ne cherchons pas plus longtemps le motif de sa présente attitude, ça ne change rien à l'affaire. Je ne me formalise pas de ses remarques piquantes: elles sont un hommage à la dignité de ma vie. Il est vrai que j'ai dans le cœur une réserve de tendresse que je suis heureuse de déverser sur vous, mais il est faux que je me mette à votre place en imagination. Je n'ai pas à rougir de mon fonds romanesque; il est propre. Je n'ai pas honte d'avoir des illusions, à mon âge, même si elles me rendent parfois imprudente. Je plains ceux qui ne peuvent plus s'intéresser au bonheur des autres: leur cœur est desséché. Ceci n'est pas à l'adresse de votre père. Lui, son cœur vaut mieux que son esprit.

Dans le cas présent, hélas! l'événement le justifie de sa conduite. Moi, je n'ai pas su voir plus loin que mon grand nez. Je pensais travailler à votre bonheur et je vous préparais une cruelle déception. J'en suis bien punie: je vous aime comme si vous étiez ma fille et je suis obligée de vous faire de la peine. Sylvie, vous devinez où je veux en venir...

Ils sont mariés de ce matin! Je les ai vus, de ma fenêtre, revenir de l'église. Pauline m'a lancé en passant un coup d'œil triomphant; Jean n'a pas tourné la tête. Je connaissais leurs accords depuis plus d'une semaine et, sachant que nous n'y pouvions rien, j'ai attendu le fait accompli pour vous en informer. J'ai pensé que vous souffririez moins.

Le jour qu'il est allé mettre les bans à l'église avec son futur beau-père, Jean est venu me voir. Je ne m'attendais pas à sa visite et son air grave m'a frappée. J'ai crié:

«Mon Dieu! venez-vous m'apprendre une mauvaise nouvelle? Y a-t-il quelqu'un de mort ou de malade chez vous? votre tante peut-être...»

— Ma tante, elle en regagne tous les jours, elle rajeunit et, de ce temps-ci, elle est au comble du bonheur. Non, madame Tessier, il ne s'agit pas de mort ni de maladie. La nouvelle que je viens vous annoncer, j'ai peine à y croire moi-même, il me semble que je rêve. Ça s'est décidé si vite et j'en avais si peu l'intention: Je me marie!»

Je tortillais nerveusement un bout de papier, il a roulé par terre. Jean s'est baissé machinalement pour le ramasser, me l'a tendu et est resté penché en avant, les coudes appuyés aux bras du fauteuil, les mains croisées sur la poitrine, le menton levé, afin que je puisse lire sur ses lèvres.

—Je vais vous raconter comment c'est arrivé, m'a-t-il dit. Vous vous rappelez qu'à la fin de juin, quand Pauline est revenue à Saint-Jean, je venais d'avoir un grand désappointement. J'avais le cœur malade et ce n'était pas d'elle que j'attendais sa guérison. Elle n'a pas eu l'air tout d'abord de faire attention à moi. Elle allait à la maison quand j'étais à mon ouvrage et se trouvait rarement sur mon chemin; mais petit à petit j'ai fini par la rencontrer à tout propos. Par exemple, elle venait travailler aux foins dans les champs voisins des nôtres et saisissait tous les prétextes pour venir jaser. Une fois, leurs vaches ont passé dans notre avoine, il a fallu que j'aille avec elle les en faire sortir. Une autre fois, ses petites sœurs l'ont fait exprès pour laisser une barrière ouverte, les veaux ont pris la route et il a fallu qu'elles m'appellent pour courir après. C'était drôle de les voir gambader, mais n'empêche qu'on ne les a rattrapés qu'en arrivant à la Côte-des-Chênes. C'était de la fatigue et une perte de temps... d'autant plus que, pour me remercier, ces demoiselles m'ont emmené chez elles boire un verre de petite bière d'épinette, puis leur mère est survenue et, c'est pas tout-ci, tout-ça, il a fallu que j'accepte de souper avec eux autres; on m'a donné une demi-heure pour prévenir ma tante et faire un brin de toilette. Pendant ce temps-là, on avait averti toutes les jeunesses du canton, décidé Cajétan à jouer de l'accordéon et, un quart d'heure après le repas, on s'est mis en place pour un «salut de dames»; puis, sans prendre le temps de souffler, on a passé à un «spendy» — c'était «le noir» Bourgeau, nouvellement arrivé des États qui «callait» les danses — et, de l'une à l'autre, on a continué jusqu'à ce que M. Bellanger se réveille de son premier somme et vienne crier par le trou du tuyau:

«C'est assez, mes jeunesses, il va falloir se lever de bonne heure demain matin pour aller travailler. Faut pas ambitionner sur le pain bénit*!»

Samedi, il faisait une chaleur écrasante, comme rien ne pressait, j'avais quitté ma besogne un peu plus tôt que de coutume. Tout en nage, je m'étais assis sur le seuil du fournil pour m'essorer un peu avant d'aller me baigner et je regardais monter la marée sur le sable de l'Anse-à-Coronet. J'étais là depuis quelques minutes lorsque j'ai vu Pauline traverser le champ à patates en courant et se diriger de mon côté. J'étais loin de me douter de ce qui m'attendait. Tout essoufflée, les deux mains sur son cœur pour en modérer les battements, elle m'aborda en disant: «On est bien ici, il fait un bon petit vent, fais-moi une place.» Sans attendre que je me range, elle s'est faufilée auprès de moi, elle a passé son bras sous le mien, appuyé sa tête à mon épaule et m'a demandé tout bonnement, comme s'il s'agissait d'aller aux framboises ou de faire une promenade en canot:

«Quand est-ce qu'on se marie?»

---

* Ambitionner sur le pain bénit: abuser de quelque chose, par allusion au pain bénit distribué à l'église à certains offices religieux.

Je ne pouvais pas en croire mes oreilles. Je l'ai regardée en face pour voir si elle parlait tout de bon. Elle était couleur de rose, souriante, un peu gênée, pas trop, ses yeux brillaient autrement que de coutume, elle me disait, la voix invitante:

«Réponds, réponds, grand innocent!»... J'ai répondu:

«Quand tu voudras...»

En nous voyant entrer bras dessus bras dessous, ma tante ne nous a pas donné le temps de lui annoncer la grande nouvelle, elle s'est écriée en joignant les mains: «Qu'est-ce que je vois là! C'est-y vrai qu'on va faire des noces! merci, mon Dieu... J'te félicite mon p'tit garçon... toi aussi, ma p'tite fille, t'as été ben fine.»

J'ai bien vu qu'elle était de connivence avec Pauline... comme mon père, d'ailleurs, et toute la famille Bellanger qui s'est trouvée rassemblée chez nous en moins de rien. De tous les intéressés, je suis le seul que «l'événement« a pris par surprise. N'importe, je peux dire que je n'ai pas été obligé de prier pour connaître ma vocation.»

Il essayait de plaisanter, mais je voyais qu'il était ému. Il a ajouté:

«À présent que c'est décidé, je suis bien content. Pauline va faire une bonne femme: c'est sa mère tout recopiée. Elle ne se laisse pas marcher sur les orteils, Mme Bellanger, mais elle sait prendre son ouvrage et elle élève bien ses enfants.»

Je serrais les dents et les lèvres pour ne pas faire de grimaces, mais je ne pouvais plus retenir mes pauvres vieilles larmes; elles tombaient en cascade sur ma robe. Jean m'a regardée tout étonné, ses lèvres ont tremblé: il comprenait le pourquoi de cette émotion extraordinaire. Presque malgré lui, il a dit:

«Je croyais bien qu'Elle ne s'occupait pas de moi».

Après un moment, il a repris:

«Savez-vous ce qui m'a empêché de me rendre à Québec, il y a trois semaines, quand j'ai été au pèlerinage de la paroisse, à Sainte-Anne-de-Beaupré? D'abord Pauline ne m'a pas quitté de la journée, mais si j'avais voulu j'aurais bien réussi à m'esquiver; ensuite, je n'étais pas sûr d'être bien reçu chez M. Carrière, mais, encore là, je pense que je me serais risqué. J'avais une troisième raison que je ne m'expliquais pas bien. C'était plutôt un instinct, une impression vague; c'est pourtant celle-là qui m'a retenu. Le printemps dernier, vous le savez, Mme Tessier, j'étais parti pour aimer votre «chère fille» à la folie. J'aurais été fier comme un roi d'être son mari, mais je me demandais si je pourrais la rendre heureuse. J'avais peur qu'elle ne puisse pas se faire à notre genre de vie si différent du sien. Il m'était venu à l'idée de mettre à ma place l'aîné des enfants de mon frère Majorique qui va sur ses seize ans. Mon père est encore capable de voir à son affaire et il a un engagé de première classe. Moi, j'aurais pu les aider pendant les quatre mois de vacances. On ne le dirait pas à mon langage, mais je suis bachelier et j'aurais aimé étudier le droit. C'était bien faisable... mais, au bout de quatre ans, j'aurais été «un avocat sans causes» et c'est déjà long quatre ans de fiançailles.

J'avais pensé, aussi, à demander un emploi du gouvernement, mais, en supposant que je l'obtienne, il m'aurait fallu commencer au bas de l'échelle et, «petit employé» à dix-huit piastres par semaine, je n'aurais pas eu belle façon d'aller demander en mariage la fille d'un sous-ministre. Je faisais mieux de rester «gros habitant» comme devant.

À bien considérer, il était clair que tout ce que je ferais pour sortir de ma condition m'abaisserait, non seulement dans ma propre estime, mais encore dans celle de Mlle Carrière. Cependant, comme je l'aimais, j'espérais que tout s'arrangerait... Tout s'est arrangé, en effet, mais pas comme je pensais. Je me suis fait remettre à ma place: j'y reste.»

Le menton levé, le front têtu, il avait un air déterminé que je ne lui connaissais pas. Ce n'était plus notre Jean hésitant et timide que j'avais devant moi, c'était le paysan éternel. Et je me disais que, en fin de compte, celle qui a triomphé de vous, ma petite Sylvie, ce n'est pas Pauline, quoi qu'elle en pense, c'est la terre. Il me semble que cela devrait vous consoler un peu. En tout cas, c'est ce que souhaite de tout cœur votre vieille et fidèle amie

V.A. Tessier

P.S. — Ma Régina veut vous écrire un petit mot.

Chère mademoiselle Sylvie, la nouvelle que vous venez d'apprendre, je la connais, moi, depuis dix jours. J'ai confié le chagrin qu'elle devait vous causer à Notre-Dame-de-Pitié, afin qu'elle vous aide à le supporter. J'ai fini ma neuvaine ce matin, j'ai confiance en son efficacité et il me semble que je ne peux pas faire mieux que de vous le dire pour vous prouver mon humble amitié. — *Régina.*

*Mlle Sylvie Carrière
à Mme Tessier*

Québec, 5 novembre 1913

Chère bonne amie,

Vous connaissez la cause de mon long silence. Cela me dispense d'en demander le pardon. Je sais que vous avez été mise au courant du triste état où m'a plongée votre dernière lettre et Cati m'a appris, depuis peu, que vous avez aussi écrit à papa quand vous m'avez annoncé la terrible nouvelle. J'avais pressenti votre bienfaisante influence avant d'en être instruite car il avait tout de suite changé d'attitude. Il s'est montré ce qu'il a toujours été au fond — mais tout au fond —, sensible et compréhensif. Il fallait être susceptible comme je l'étais pour voir dans ses manières affectueuses et ses prévenances le genre de tendresse qu'il m'aurait témoignée si j'avais subi une opération chirurgicale dangereuse mais nécessaire; je croyais y discerner la satisfaction d'avoir gagné la partie et j'en souffrais. Je suis reconnaissante à mon père de sa bonté, mais je ne peux me défendre de lui en vouloir un peu, même si l'événement semble lui avoir donné raison. C'est sa logique spécieuse, sa fausse sagesse qui m'ont empêchée d'obéir à ma première impulsion. J'aurais dû braver son déplaisir et me jeter à la tête de Jean. C'est ce que Pauline a fait et avec quel succès!

Il n'était plus un cultivateur au moment où elle a fait jouer le déclic de son piège à mari; il était un jeune homme, un homme... tout court. Il n'a pas eu le temps de se dire qu'elle n'avait pas sa pareille pour traire les vaches et fabriquer le pain de ménage. Il a été pris avant toute réflexion, il vous l'a dit. C'est aussi simple que cela.

Je ne devrais pas m'occuper de lui puisque j'en suis séparée par un acte définitif, mais c'est plus fort que moi, je ne peux pas le chasser de mon cœur si vite, il a trop fait partie de ma vie depuis un an; et, je peux bien l'avouer, je suis atrocement jalouse de Pauline.

Je ne veux pas penser, mais dans le vague où je me force à rester pour souffrir moins, passent toutes sortes d'images que je ne parviens pas à écarter immédiatement. Parmi les plus précises et les plus avouables revient, trop souvent pour mon repos, une petite scène champêtre que j'essaie vainement de trouver ridicule.

Quand, ici, je vois le soleil à travers un voile de deuil, il me semble que toute la lumière, toute la joie du monde baigne Saint-Jean-Port-Joli. Je le vois au soir d'un beau jour dans un poudroiement vert et or. Au fond, sur sa colline bleue, Saint-Aubert — qui, à cette heure, étincelle de toutes ses fenêtres — dresse sur le ciel rosé son modeste clocher tout vibrant d'angélus. Dans un enclos où viennent d'entrer, pour la traite du soir, de nombreuses vaches mugissantes, un jeune couple, sans un geste inutile, accomplit sa besogne journalière. Le mari s'empresse à faciliter la tâche de sa femme: il range les bêtes en posture favorable, ajuste le petit banc et le seau de fer-blanc, tient la vache vicieuse par les cornes, pendant que sa compagne dont je vois le gros chignon, les coudes en mouvement et la croupe débordante, prestement, fait gicler le lait entre ses doigts. Indifférent à ce spectacle, dans l'intervalle et en attendant d'emporter à la laiterie les grands seaux pleins de lait chaud et mousseux, le jeune homme, les bras en anse de panier, lève au ciel, pour y chercher un pâle croissant de lune ou les premières étoiles, le beau profil et les beaux yeux bleus qui me sont toujours chers.

Chaque fois que la vision repasse sous mes paupières, en même temps se présente à mon esprit un jeu de mots facile, trivial, idiot, dont je vous fais grâce... et je constate que cette bonne vieille ironie de famille dont papa s'est servi il n'y a pas longtemps pour me faire de la peine est une bien pauvre ressource contre le chagrin. Régina possède une meilleure recette d'apaisement. J'envie la belle sérénité qui pare son aimable visage, mais je ne suis pas encore assez avancée en perfection pour chercher dans la prière seule la consolation qu'il me faut.

J'essaie de me persuader que Pauline n'est pas aussi heureuse que je l'aurais été à sa place, que l'image du marchand de prunes doit s'interposer quelquefois entre elle et celui qu'elle m'a volé. Je lui suppose des regrets qu'elle n'a peut-être jamais eus; mais, d'autre part, je me dis que, pour une personne de sa trempe, le beau bien au soleil, les animaux de race, le grand poulailler modèle, ont sûrement plus de prix que les joies sentimentales. S'il en était autrement, elle n'aurait pas mérité d'être choisie par la grande jalouse, elle ne serait pas l'élue de l'intéressée par excellence: la terre.

Je n'envie pas un bonheur de cette sorte, le mien eût été d'une autre qualité.

Et Jean? — Les échos de sa voix habitent nos vieux murs. — Se souvient-il de moi quelquefois? Je ne dois pas le désirer, cela ne serait pas moral.

Gros'maman, j'ai pris l'habitude de penser tout haut avec vous. Aujourd'hui encore, je soulage mon cœur, mais c'est la dernière fois. J'ai abusé de votre bonté et de vos nerfs, je vous promets d'être moins égoïste à l'avenir. Pour me tirer du marasme, je vais travailler de mes dix doigts à des travaux utiles qui m'occuperont corps et âme.

Je n'ai pas la vocation et j'aurais mauvaise grâce d'offrir à Dieu un cœur encore plein de regrets douloureux, mais j'entrerai quand même à l'Hôtel-Dieu lundi prochain. Papa m'a permis d'y suivre un cours d'infirmière. C'est à deux pas d'ici, je viendrai le voir souvent et Cati aura bien soin de lui; je n'aurai pas d'inquiétude.

Ne pourrez-vous jamais venir à Québec, gros' maman? et, en attendant que vous vous y décidiez, Alice et Régina ne viendront-elles pas, cet automne, faire vos provisions d'hiver? Je compte sur leur visite. Il faut que vous me voyiez, au moins par leurs yeux, dans mon uniforme blanc, sous mon long voile d'épouse... de la souffrance humaine.

Et dire que je suis bannie du pays de mon âme, de ce Saint-Jean-Port-Joli où j'espérais vivre et mourir!

Je vous embrasse, ma véritable amie, et je ne vous dis pas adieu.

Sylvie

P.S. — Les Berti sont en Espagne et, suivant l'expression consacrée, ils sont enchantés de leur voyage. Songez donc, ils ont assisté à une course de taureaux et Hélène a failli s'évanouir! n'est-ce pas délicieux? Quand je pense qu'ils m'avaient offert de les accompagner pour me remettre le cœur!

1916

*Mlle Sylvie Carrière
à Mme Tessier*

Québec, 1er mai 1916

Chère gros'maman,

Je me reproche de vous avoir laissée sans nouvelles depuis plus d'un mois. Je sais bien que vous n'êtes pas inquiète quand je traîne un peu; vous vous dites: «Sylvie ne m'oublie pas, seulement, elle est très occupée et n'a rien de particulièrement intéressant à me communiquer»; mais tarder à ce point, c'est par trop se fier à la télépathie et à votre indulgence. Je ne peux pas prétexter le manque de loisir, je sais qu'une toute petite lettre, écrite hélas! quelquefois à la hâte, suffit à satisfaire votre cœur et à tenir votre esprit en repos. Elle vous plaît par son laconisme même, vous y voyez une preuve de ma bonne santé morale. Depuis la reprise de notre correspondance, d'ailleurs, vous m'avez donné l'exemple de la brièveté. J'ai compris votre fatigue et vos craintes. Je sais qu'il est un sujet défendu sur lequel j'aurais été tentée de revenir si j'avais laissé courir ma plume. Il y en a encore un autre que, sans nous donner le mot, nous avons laissé tomber: la guerre, sujet permanent d'inquiétude et d'espoir qui malheureusement ne se réalise pas vite. Sur celui-là, il y avait beaucoup à dire. Nous avons cessé d'échanger nos impressions précisément parce que nous sentons de la même manière. En appliquant aux circonstances présentes le conseil de Gambetta: «Pensons-y toujours, n'en parlons jamais», nous avons considérablement abrégé nos lettres. Cela m'a permis de diriger mon effort épistolaire sur Montréal où je trouve dans ma famille des divergences d'opinion qui m'affligent.

Hélène tricote avec ardeur pour les soldats canadiens, mais elle pense qu'on devrait les garder au pays. Elle continue de se mettre en quatre pour recevoir les Académiciens de passage, elle se pâme d'admiration pour les braves officiers aux bras en écharpe, missionnaires du droit et de la justice — à condition toutefois qu'ils soient élégants dans leurs uniformes —, mais elle ne veut pas admettre que le Canada se doit de prendre part à la lutte, qu'il y va de son honneur et de son avenir. On ne dirait pas qu'elle est la fille de mon père! Ce n'est pas lui, votre vieil ami, qui se serait laissé influencer par la propagande boche si habilement camouflée qu'elle soit. Son cœur était infaillible. Comme j'ai été constamment auprès de lui pendant sa dernière maladie, je peux affirmer que l'anxiété continuelle que lui causaient la durée de la guerre et l'incertitude de son issue, ainsi que le sentiment de son impuissance à servir la bonne cause, a hâté sa fin. Pauvre papa! je le regrette toujours, mais je le trouve heureux de reposer en paix dans le cimetière de Saint-Jean-Port-Joli et je ne veux pas m'attendrir sur sa perte. Dans ma profession, pour rester maîtresse de ses nerfs, il faut oublier ses chagrins personnels.

C'est parce que je n'étais pas sûre de moi, chère gros'maman, que j'ai attendu six mois pour vous entretenir d'un petit incident qui s'est produit après les funérailles en novembre dernier. J'étais restée la dernière au bord de la fosse où l'on venait de le descendre. Gustave était allé rejoindre Hélène et ses fils qui vous entouraient en m'attendant. Je revenais lentement en m'essuyant les yeux lorsque, sans l'avoir entendu venir, je me suis trouvée en présence de celui-là même que j'aurais préféré ne pas rencontrer, surtout en ce moment où j'avais l'âme ouverte à tous les regrets. C'était assez pour ma sensibilité de l'avoir entendu chanter «l'Adieu» de Schubert pendant le service. J'ai «vu» qu'il venait m'offrir des condoléances; sa voix, aspirée par la rumeur du fleuve, était à peine perceptible. J'ai chancelé, mais Dieu m'a préservée de tomber dans les bras du mari de Pauline Bellanger, ou de choir à ses pieds. Mes neveux accouraient au-devant de moi, ils m'ont aidée à faire bonne contenance. J'ai balbutié quelques mots de remerciements sans oser lui tendre la main et continué d'avancer vers la grille. Là, je me suis retournée pour un dernier adieu à mon père et pour le voir, lui, encore une fois. Il se tenait immobile et tête nue à l'endroit où je venais de lui parler. Je n'avais pas marché longtemps, il n'avait pas bougé et il me paraissait déjà loin, presque perdu dans la grisaille de l'allée. Seuls, son front blanc, la ligne sombre de ses cheveux, la forme parfaite de sa tête se distinguaient nettement contre le ciel bas. Sur la grève toute proche, les lourdes lames grises des grandes marées d'automne lançaient très haut leur écume blanche en se brisant sur les rochers.

Je me suis demandé, après réflexion, si Jean est venu à moi de lui-même ou si vous lui avez suggéré de le faire et, dans ce cas, quel avait été votre mobile. Il a vieilli déjà; des rides, légères il est vrai, témoignent de ses rudes travaux; mais il est toujours beau. Ses vêtements étaient soignés bien que d'étoffe du pays et de coupe domestique, et il sentait légèrement l'écurie... pas plus, d'ailleurs, que certains sportmen des mieux cotés. Si vous avez eu l'intention de le dépoétiser à mes yeux, vous avez manqué votre but, gros'maman. Mais si vous avez voulu qu'il me voie, les joues livides et le nez rouge, vous avez réussi au-delà de vos espérances. L'image qu'il gardera de moi est rien de moins que troublante. En avait-il besoin pour apprécier le teint «magnifique» de sa douce moitié?

J'ai hâte d'être assez vieille pour ne plus souffrir d'un retour sur ce passé. Un temps viendra, je le suppose, où la grande déception de ma jeunesse ne sera plus qu'un sujet de douce mélancolie. Depuis quelque temps, j'étais parvenue, sinon à écarter entièrement du moins à refouler ces réflexions à la Desbordes-Valmore et je m'étais bien promis de ne plus vous en parler. Et alors? D'où vient qu'aujourd'hui je sorte de ma réserve après en avoir reconnu l'avantage? Pourquoi cette revue de mes déceptions, inquiétudes et chagrins de famille? C'est afin de vous préparer à un événement de peu d'importance mais qui se rattache, en quelque sorte, à ce que je viens d'écrire.

Vous ne serez pas trop surprise, je l'espère, si je vous annonce sans autre préambule que je m'embarquerai pour la France, *via* l'Angleterre, après-demain, jeudi, avec sept de mes compagnes, à destination de l'hôpital de Saint-Cloud. Je n'entre pas dans les détails de notre organisation, vous les connaîtrez par les journaux. Vous y verrez même une photogravure de notre groupe.

J'arrive de Montréal où je suis allée faire mes adieux et régler définitivement avec mon beau-frère nos affaires de famille. Notre maison des remparts, comme un temple de la Paix, restera fermée jusqu'à la fin de la guerre.

Ma vieille Cati est en pension depuis trois semaines, chemin Sainte-Foy, chez nos bonnes sœurs de Saint-Joseph de Saint-Vallier, Saint-Jean-Port-Joli et autres lieux. Elle est aussi heureuse qu'elle peut l'être ici-bas. Depuis la mort de «monsieur Jacques», elle ne pense plus qu'à l'autre monde et la nouvelle de mon départ ne l'a pas affectée outre mesure. Quand j'ai été la voir, hier après-midi, un salut du Saint-Sacrement sonnait à la chapelle comme j'entrais dans le couvent. Ma Cati est venue au parloir, son voile noir sur la tête et n'a pas caché sa contrariété... ni sa satisfaction quand j'ai écourté ma visite pour lui permettre d'assister à l'office.

La traversée m'effraie un peu; je me soupçonne de ne pas avoir le pied marin. Les éléments me paraissent plus redoutables que les Allemands. La flotte anglaise va me préserver des sous-marins, mais pas du mal de mer.

S'il fait beau, jeudi après-midi, chère gros' maman, peut-être irez-vous, vers cinq heures, avec Alice, Régina ou votre vieux garçon, sur le bord de la côte, voir filer, à trois lieues au large, la fumée noire et le sillage blanc du «Métagama». Quand il passera entre le Pilier et l'île aux Coudres, votre petite Sylvie tendra toute sa pensée et tout son cœur vers vous et Saint-Jean-Port-Joli.

J'ai eu envie d'aller vous embrasser avant de partir, chère et précieuse amie. Dans ce geste filial, j'aurais mis toute l'affection, toute la reconnaissance que des mots ne sauraient exprimer. Je me prive de ce bonheur pour nous épargner, à toutes deux, des émotions trop fortes. Votre santé en aurait souffert peut-être et garde Carrière a besoin de tout son sang-froid.

1918

Mlle Régina Dumas
à Mlle Sylvie Carrière

Saint-Jean-Port-Joli, 25 novembre 1918

Chère mademoiselle Sylvie,

On n'osait pas croire à la bonne nouvelle de l'armistice. Ça paraissait trop beau pour être vrai, même à nous autres qui, grâce à nos deux mères patries et à notre éloignement du théâtre de la guerre, n'avons pas entendu le canon ni subi les horreurs de l'invasion. Quel cri de délivrance a dû retentir en France à l'annonce de cette paix obtenue au prix de si grands sacrifices. J'imagine que la joie n'a pas dilaté les cœurs en proportion de ce que l'inquiétude les avait serrés pendant si longtemps: il y reste trop de deuils et de soucis de toutes sortes.

Chez nous, il manquait à notre joie la présence de celle qui aurait été si heureuse de la victoire des Alliés. Notre bonne gros'maman nous a quittés pour le ciel, le 26 octobre. J'ai attendu pour vous l'écrire que l'horizon se soit éclairci.

Depuis plus d'un an, sur sa recommandation, je vous cachais les progrès de sa maladie; elle disait: «Il ne faut pas inquiéter ma chère fille ni la distraire de la tâche qu'elle accomplit.» Vous étiez toujours présente à son esprit, même lorsque vos belles cartes illustrées étaient un peu espacées. Jusqu'à ses derniers jours, quand on l'entendait murmurer «la vaillante», on savait à qui elle pensait.

La mort de sa parente et amie, Mme Rivet, survenue l'hiver dernier, l'avait éclairée sur son propre sort. Elle nous avait dit: «Je n'irai pas loin par derrière.»

Devenue complètement sourde depuis au-delà d'un an, un lieu de s'en plaindre, elle prétendait y trouver de grands avantages. Sa voix était toute changée, durcie et comme tournée en dedans. Elle disait en détachant chaque parole: «Depuis que je suis entrée dans le grand silence, je vois plus clair, j'ai le temps de me recueillir, je comprends mieux. Ce n'est pas sur vos lèvres, mes pauvres enfants, que je lis la vérité, c'est dans vos yeux, par moments, et plus sûrement encore en moi-même. Si je juge de votre affection par la peine que vous prenez pour me faire des menteries, vous devez m'aimer beaucoup. Soyez tranquilles, je ne crains plus rien, pas même le jugement. J'ai confiance en la miséricorde de Dieu.»

Le croirez-vous? elle qui avait tant eu peur de la guerre, quand celle-ci n'était qu'à l'état de menace, était devenue relativement calme et sans inquiétude quant au résultat de la plus terrible de toutes. Elle avait une confiance inébranlable dans la valeur et le patriotisme des Français ainsi qu'en la justice de leur cause.

Dès le commencement, le mot prophétique de Jules Lemaître mourant: «Ce sera une résurrection» lui avait donné un point d'appui. Elle le répétait souvent en ajoutant: Une résurrection ne peut qu'amener la victoire... le bon Dieu n'est pas un Sauvage... et la Sainte Vierge aime particulièrement la France. Elle faisait ces réflexions en lisant les nouvelles, quand, malgré son parti pris d'optimisme, elle ne pouvait se défendre d'être un peu nerveuse et elle combattait ses grosses craintes à coup d'oraisons jaculatoires*. Tous les saints Français, canonisés ou non, y passaient. Il fallait rire malgré tout. Elle les priait sur le ton du commandement et s'écriait de sa voix étrange: «Grand saint Louis, les Infidèles sont en France, qu'est-ce que vous attendez pour les chasser? Sainte Geneviève, faites quelque chose; vous n'avez pas coutume d'avoir peur des boches, faites quelque chose»; ou bien: «Bonne petite Jeanne d'Arc, donne la main sans rancune à saint Georges puisqu'il est du bon bord à présent; mettez-vous ensemble et priez fort.»

Elle invoquait Péguy et Guynemer; elle aurait eu le cœur de leur adjoindre Clemenceau s'il n'avait pas été vivant.

Je n'ai pas besoin de vous dire que les consolations de la religion ne lui ont pas manqué, ni les bons soins. Nos religieuses ont saisi l'occasion de montrer leur reconnaissance à la grande amie qui les aimait tant et nous ont été d'un grand secours.

Tout est demeuré dans la maison comme si notre gros'maman ne l'avait pas quittée. Pas un meuble n'a été changé de place, pas un bibelot n'a été dérangé. Mon frère Élie est son héritier, Alice et moi nous restons attachées sur le bien**. Le vieux

---

* Oraisons jaculatoires: prières courtes.
** Attaché sur le bien: entretenu, logé et nourri par celui ou celle qui hérite de la propriété.

garçon n'est pas encore habitué à être le maître et ne le sera pas de sitôt, il se sentira toujours chez madame Tessier. Nous avons hérité d'elle, à part égale, sa grande amitié pour vous. Jointe à l'admiration que nous avons éprouvée à première vue, c'est plus qu'il ne nous en faut pour désirer vous revoir.

Je suppose que vous reviendrez au pays prochainement. Malgré votre long séjour en France et toutes les raisons que vous avez d'aimer et d'admirer notre mère patrie, il doit y avoir encore un peu de place dans votre cœur, sinon pour le Canada, du moins pour notre province de Québec. Il a dû vous arriver quelquefois de remonter le Saint-Laurent en imagination et de vous laisser porter sur ses ondes jusqu'au paisible cimetière de chez nous.

Et, après toutes vos tribulations, vous devez avoir besoin d'une détente dans le calme de la campagne. Où pourrez-vous la trouver plus complète qu'à Saint-Jean-Port-Joli, dans la maison de gros'maman Tessier? Venez donc sans cérémonie, nous vous recevrons de notre mieux; vous serez portée sur la main. Vous dormirez «dans» le gros lit de plume de la chambre rose, vous savez celui dans lequel on tombe comme dans la crème.

J'espère que l'accent canadien et nos «archaïsmes» (pour ne pas dire plus) ne choqueront pas trop vos oreilles françaises. On ne craint pas vos remarques, on sait que, comme dirait Mme Rivet, les vrais savants sont indulgents, indulgents, indulgents! D'ailleurs, si vous avez trop de mal à nous comprendre, nous demanderons à mère François-d'Assise et à sœur Bernadette de nous servir d'interprètes.

Je risque cette petite taquinerie pour vous remettre dans l'atmosphère québécoise. Vous pourriez croire que notre mentalité a changé durant votre absence. Il n'en est rien hélas!... ou pas hélas! En compensation, s'il en est besoin, je peux vous assurer de l'immuabilité de nos sentiments.

Au plaisir de vous revoir, chère mademoiselle Sylvie, nous espérons tous trois que ce sera bientôt.

Régina

P.S. — J'ai gardé pour la fin une nouvelle qui, j'en ai peur, vous causera une pénible impression et que je ne peux pas, cependant, vous laisser ignorer. Je la copie du «Soleil» de Québec: «À Saint-Jean-Port-Joli, le 19 octobre courant, est décédé de la grippe espagnole, à l'âge de 28 ans et trois mois, Joseph-Amédée-Jean Leclerc, époux de Pauline Bellanger. Outre son épouse, il laisse pour pleurer sa perte, son père, de nombreux parents et quatre enfants.»

Mlle Sylvie Carrière
à Mlle Régina Dumas

Paris, 24 décembre 1918

Ma chère Régina,

La mort de ma chère et parfaite amie, madame Tessier, m'afflige profondément, mais elle ne me surprend pas beaucoup. Malgré vos efforts pour me cacher la gravité de son état, j'avais remarqué dans vos dernières lettres une contrainte qui m'inquiétait. L'impression m'en était si pénible que je m'empressais de l'écarter et, chose singulière, maintenant que mes appréhensions se sont changées en certitude, je ne peux pas croire, je ne peux pas me faire à l'idée que je ne reverrai jamais, en ce monde, notre chère gros'maman. Je cherche à m'expliquer cette nouvelle disposition d'esprit. Il est vrai qu'il y a entre nous l'immensité de l'océan et qu'à trois mille milles de distance les événements de Saint-Jean-Port-Joli peuvent paraître irréels... Est-ce pour cette raison que je ne retrouve pas dans mon cœur, qui pourtant n'a pas changé, ce sentiment de séparation définitive, ce déchirement, éprouvés il y a près de trois ans en descendant le Saint-Laurent?

Ce jour-là, il m'avait semblé que mes parents et mes amis n'attendaient que mon départ pour mourir, que je leur arrachais l'âme pour compenser ce que je laissais de la mienne au pays. Il avait fallu rien de moins qu'une extrême détresse physique pour me délivrer de ces pressentiments. Pendant trois jours, je n'avais plus pensé qu'à combattre le mal de mer, mais le quatrième jour — le jus d'orange et le changement de scène ayant rétabli, en même temps, mon équilibre physique et mon équilibre moral —, garde Carrière, dans son costume bleu marine (genre Armée du Salut), s'était trouvée sur le pont, dès le matin, avec ses compagnes de voyage, en admiration devant le spectacle grandiose de 26 beaux icebergs qui se coloraient, sous les caresses du soleil et qui, à distance respectueuse, paraissaient doux comme des agneaux.

Et ce fut l'arrivée en Angleterre, le séjour de six semaines à Londres, à l'hôtel Thackeray dans le Strand, et la visite de la ville; puis la traversée de la Manche, agrémentée d'un court mais violent mal de mer, et notre entrée en fonction dans un hôpital anglais près des falaises d'Étretat; enfin, après quelques mois, notre installation à l'hôpital de Saint-Cloud, établi à l'emplacement du champ de courses de M. Edmond Blanc, en face du mont Valérien.

En entrant en France, on respirait un air d'héroïsme; le dévouement, l'esprit de sacrifice étaient constants et devenaient contagieux. Je m'étais vouée corps et âme à mon rôle d'infirmière où je me pensais bien à l'abri des surprises sentimentales. Je ne quittais ma baraque que pour les heures de repos indispensable et, au milieu des braves poilus* confiés à ma garde, je me sentais immunisée par la compassion et l'admiration même que j'éprouvais pour tous mes malades.

---

* Poilus: surnom des soldats de la guerre 1914-1918.

Des héros! ma chère amie, qui, tous les jours pendant des mois et des années, avaient risqué généreusement leur vie et étaient prêts à recommencer.

Ils se montraient tous gentiment reconnaissants de nos soins et gais, malgré, pour la plupart, la triste certitude de rester infirmes. Dès que leurs souffrances diminuaient, ils plaisantaient, riaient, chantaient comme s'ils revenaient d'une partie de plaisir. Évidemment, il y avait des nuances dans la manifestation de leur fermeté d'âme, suivant l'éducation et le tempérament de chacun. Il s'en trouvait de silencieux qui étaient aussi courageux que les autres et tout aussi sympathiques.

Parmi les plus gravement atteints, il y en avait un que l'on avait amputé d'une jambe et qui se rétablissait difficilement. Je peux bien vous le nommer, il s'appelle André P. et il appartient à une famille de grands industriels parisiens. Nous l'avons habitué, sa béquille et moi, à marcher avec sa jambe artificielle. Il ne serait pas beau, même si ses traits ne portaient pas les traces des fatigues de trois années de tranchées et des souffrances causées par la blessure qui l'avait conduit à l'hôpital, mais son visage est tout intelligence et noblesse de pensée. Il causait peu et de choses sérieuses, tout simplement, sans aucun pédantisme. Ses yeux brillaient et il devenait éloquent lorsqu'il parlait de Paris, sa ville natale, dont il connaît tous les monuments, tous les coins intéressants et leur histoire. Je ne pouvais trouver de meilleur guide pour le visiter. Sur la fin de sa convalescence, à mes jours de permission, il m'a fait avec fierté les honneurs de la ville incomparable.

J'étais arrivée à la fin de mon séjour à Saint-Cloud sans avoir eu l'occasion d'en sortir. Situé sur les pentes des hauteurs qui dominent la Seine, l'endroit est, d'ailleurs, charmant et plein d'intérêt par ce qu'il rappelle du passé et par ce qu'il est devenu pendant la guerre. On avait à portée de la vue le plus puissant phare du monde destiné à la navigation aérienne, et l'on pouvait, sans se déranger de ses occupations, assister à des tirs de barrage, au départ des escadrilles qui se rendaient au combat et guetter leur retour, quelquefois hélas! vainement.

Pour notre dernière promenade, André m'avait menée voir à Saint-Étienne-du-Mont, qui est l'une des plus vulnérables églises de Paris et l'une des plus remarquables au point de vue artistique, les admirables vitraux, le jubé, le portail et la châsse de sainte Geneviève, patronne de la ville.

En revenant prendre le métro, nous étions entrés, dans la cour du musée de Cluny, voir encore une fois les fenêtres gothiques et les magnifiques lucarnes que j'avais regardées plutôt distraitement à une précédente visite au Musée.

On m'en faisait trop admirer, j'éprouvais parfois de la fatigue. Ce jour-là, pour un autre motif, j'avais peine à écouter les explications de mon guide. Le moment approchait de lui dire adieu et mon cœur se serrait; je me rendais compte pour la première fois de la force du sentiment qu'il m'inspirait. Je ne savais rien de son passé, il ne m'avait rien dit de ses projets d'avenir, je n'espérais rien de précis sinon que, peut-être, l'adieu pourrait se changer en au-revoir. Mon visage devait laisser voir le «trop-plein» de ma tristesse, malgré les efforts que je faisais pour paraître m'intéresser aux croisillons de pierre des fenêtres gothiques. Nous étions dans le coin de la cour, à droite, près de la margelle du puits du manoir du Sauvage — je m'en souviendrai toujours. André parlait des armes du cardinal d'Amboise, des abbés de Cluny et, je ne sais plus par quelle transition, il en est venu à me dire qu'il était séminariste avant la mobilisation et qu'il avait l'intention de poursuivre ses études de théologie aussitôt que sa santé le lui permettrait, les épreuves de la guerre n'ayant fait que l'affermir dans sa vocation.

Encore un qui avait mieux à faire que de se consacrer à mon bonheur!

Le coup a été rude, mais je l'ai encaissé sans sourciller, les yeux rivés à un croisillon de fenêtre comme à celui d'un crucifix. J'ai appris en France à montrer du cran. L'exemple ne m'a pas manqué.

Avant cette dernière déception, j'hésitais à suivre mes compagnes à Constantinople où l'on requiert nos services aux hôpitaux des Alliés. Mais, après cela, je n'ai rien de mieux à faire que de rester à la tâche jusqu'au bout, malgré un peu de fatigue et une forte dépression morale. C'est le meilleur moyen de m'en tirer.

Il n'est guère probable que je m'éprenne jamais d'un sujet du Grand Turc, mais si cela arrivait, soyez tranquille, Régina, je suis bien sûre que celui-là aussi se défilerait comme les autres. Allah lui en ferait un devoir.

Je ne sais pas combien de temps ou aura besoin de nous là-bas. Je voudrais, en revenant, puisqu'on nous débarquera à Marseille, en profiter pour voir le Midi et, tandis que je serai en France, visiter aussi la Touraine, la Normandie, la Bretagne... Si rien ne vient contrarier mes projets, je ne retournerai pas au Canada avant la fin de l'année qui va commencer, peut-être même un peu plus tard.

Je vous tiendrai au courant de mes faits et gestes. Les cartes postales illustrées sont faites spécialement pour les nomades, les paresseuses ou les personnes très occupées qui n'oublient pas cependant leurs amis.

Dès mon arrivée à Québec ou à Montréal, je vous écrirai quand je pourrai profiter de votre invitation amicale, mais je peux vous assurer immédiatement que je l'accepte avec joie. Après ma sœur et sa famille, peut-être même avant eux, vous êtes les seules personnes vivantes qui m'attirent au Canada.

Dans votre modestie, ma chère amie, vous avez cru nécessaire de me rappeler — oh! délicatement, comme vous savez dire toutes choses — le cimetière de Saint-Jean pour m'engager à retourner chez vous. Je ne l'ai jamais oublié et de nouvelles raisons viennent s'ajouter aux anciennes pour me le rendre cher. Mais, même sans ce devoir de piété filiale, j'aurais été heureuse de me retrouver à Saint-Jean-Port-Joli et dans la maison de madame Tessier avec tout son bon monde. Je la sentirai présente au milieu de nous. Tant que le souvenir de sa rayonnante bienveillance vivra dans le cœur de ceux qu'elle aimait, il les rapprochera, il les unira dans une sorte de fraternité spirituelle. Je n'aurais pas eu besoin de ce lieu pour apprécier votre amitié, ma chère Régina; même quand vous n'étiez que la fidèle secrétaire de Mme Tessier, je sentais entre les lignes de ses lettres un courant de sympathie qui gardait votre personnalité et m'attachait à vous.

La nouvelle de la mort de Jean Leclerc m'a causé une douloureuse émotion, pas comparable cependant à celle que m'avait produite l'annonce de son mariage. Pour moi, c'est cette fois-là qu'il est mort. Je compatis de tout mon cœur au chagrin de sa famille, surtout à celui de ses vieux parents, et j'imagine leur inquiétude en ce qui concerne la succession au «bien des ancêtres».

Si l'on m'avait dit, il y a cinq ans, que j'en viendrais à remercier Dieu de n'avoir pas permis que j'épouse ce pauvre Jean, je n'aurais pas voulu le croire et, pourtant, je ne voudrais pas être à la place de Pauline à présent.

Ce pauvre Jean, quand il m'arrivait de penser à lui, depuis deux ans, c'était pour l'accuser de manquer de cœur ou d'intelligence. Cultivateur et père de famille, il était justifiable de rester tranquille sur sa belle terre et d'être profiteur de guerre — sans qu'il y eût de sa faute, d'ailleurs —, mais je ne pouvais pas me défendre de le comparer à ceux de Courcelette et de Vimy, et à son désavantage.

Sa mort le relève dans mon estime. Il devait se sentir atteint depuis quelque temps déjà, c'est évident. Je me souviens qu'à notre dernière rencontre il m'avait paru fatigué et je me souviens, de plus loin encore, que tante Louise avait pour son «petit», qui était grand et fort, une sollicitude qui paraissait exagérée. Elle avait toujours peur qu'il prenne froid. La

L'église de Saint-Jean-Port-Joli en 1903. Le chemin empruntait
alors le parcours du chemin du Roy et faisait une grande
courbe à la hauteur de l'église.

bonne vieille maman connaissait le point faible de
cette riche nature, elle avait discerné la menace.

Ce soir, Régina, je demeurerai en votre compagnie longtemps après avoir déposé mon porte-
plume. Je vous écris en attendant d'aller, avec deux
de mes compagnes, à la messe de minuit à Saint-
Roch qui est l'une des plus belles églises de Paris.
C'est cependant à la modeste église de Saint-Jean-
Port-Joli que le chant du *Minuit, chrétiens!* va me
reporter. Je croirai entendre la voix merveilleuse
«du plus joli garçon de la province de Québec».

La maison d'Ernest Fortin, qu'on disait «seigneur» parce qu'il avait
acquis le droit de percevoir les rentes seigneuriales. Ses oncles
Charles et Narcisse Duval, les «Charlots» (décédés respectivement
en 1901 et 1902), avaient élevé cette sorte de tour qui avait fait
dire au «quêteux» Servule Dumas que la folie était «par dessus»
le comble. Cette maison a été déménagée au 341, rue Verreault,
pour permettre la construction de la caisse populaire.

C'est un beau souvenir à conserver, n'est-ce pas, au
fond d'un cœur de vieille fille?

Cette nuit, vous me croirez sans peine, je ne ferai
partie d'aucune bande joyeuse qui réveillonnera et
dansera dans un restaurant pour oublier le cauche-
mar de la guerre. Mes deuils et mes déboires senti-

mentaux aidant, je résiste sans effort à l'appel du turkey trot ou du tango.

Quand vous recevrez ma lettre, je serai en route pour le Levant. Priez Dieu que j'en revienne.

Il ne me reste plus, ma chère Régina, qu'à vous souhaiter, ainsi qu'à Alice et à M. Dumas, une bonne et heureuse année et, à la canadienne, le paradis à la fin de vos jours.

Sylvie

P.S. — Je ne crains pas vos taquineries, chère amie, elles ne peuvent pas être sottes ni méchantes. Dieu veuille que j'aie assez profité de mon séjour en France pour qu'on s'en aperçoive à mon accent et à la correction de mon langage.

1920

Mlle Sylvie Carrière
à Mlle Régina Dumas

Montréal, 8 juin 1920

Chère amie, mes chers amis, je suis de retour au pays depuis quelques jours et tout attristée de m'y sentir étrangère. Oh! mes parents se sont montrés aimables, mais on dirait qu'ils ont peine à me reconnaître; ils me prennent, je crois, pour une sorte de phénomène. Le contact est difficile à rétablir; nous ne trouvons plus rien à nous dire.

Ils sont, disent-ils, fatigués d'entendre parler de la guerre. Il faut croire que ma présence suffit à la leur rappeler puisque je n'en ai pas soufflé mot depuis mon arrivée.

Pendant mes quatre années d'absence, si, moi, j'ai changé, ma sœur, elle, est restée la même. Elle est toujours aussi primesautière et aussi jolie, quoi-qu'un peu lourde pour le genre papillon. Mon beau-frère a pris du ventre, mais perdu ses cheveux et sa jovialité. Mes neveux ont de la barbe et ne me tutoient plus; ils m'intimident. Je ne sais rien de leurs idées, je ne peux même pas voir s'ils en ont. J'ai entendu parler de leurs prouesses sportives, pas de leurs études et je n'ose pas poser de questions.

Aussi, je ne m'attendais pas à trouver la famille si haut perchée. On ne m'avait pas écrit que le démon de l'agiotage l'avait conduite sur le sommet du Mont-Royal pendant la guerre. Entendez par ces paroles que mon beau-frère s'est fait construire une belle maison au point le plus élevé de la ville, plus haut que l'Oratoire Saint-Joseph, et qu'il l'a meu-blée luxueusement. Tout est battant neuf. Je me trouve dépaysée au milieu de ces splendeurs qui ne me rappellent rien.

Par surcroît, j'ai appris avec un serrement de cœur que notre vieille maison de Québec, la maison de Montcalm, ne nous appartient plus. Il était entendu qu'elle resterait fermée jusqu'à la fin de la guerre. L'année dernière, la paix étant signée, l'occasion s'est présentée de s'en «débarrasser» à bonnes conditions. J'étais à Constantinople, on ne savait pas quand j'en reviendrais, si même j'en reviendrais; j'avais autorisé mon beau-frère d'agir en mon nom; il a fait, m'a-t-il dit, comme si c'était pour lui. Il ne me restait plus qu'à le remercier de ses bons offices. Me voilà plus riche d'argent et plus pauvre de souvenirs, plus déracinée que je ne croyais. Mes vieux meubles n'ont pas été compris dans le marché — c'est encore beau —, ils m'attendent à Québec, en magasin. Je verrai plus tard à en disposer; pour l'instant, je ne songe qu'à me rendre le plus vite possible à Saint-Jean-Port-Joli.

Hélène ne peut pas dire au juste quand elle occupera sa villa de Valois. Elle ne se résigne pas à y passer tout l'été et doit partir, la semaine prochaine, en auto, avec ses fils, pour de courtes visites aux principales villes d'eaux des côtes de l'Atlantique. Si elle en trouve une à son gré, elle s'y installera pour quelques semaines. Gustave semble croire qu'elle ne se fixera nulle part. Il connaît sa phobie du peuple de Dieu et sait que la colonie montréalaise de cette race privilégiée affectionne particulièrement les plages américaines.

Ma sœur m'invite à faire partie de sa suite; j'ai prétexté un grand besoin de repos pour refuser de l'accompagner. Je peux bien vous le dire, Régina, j'ai vu bien du pays depuis deux ans. Sans parler de Constantinople, j'ai visité la Côte d'Azur, la Côte d'Argent, la Côte d'Émeraude; j'ai vu Nice, Biarritz, Paramé, pour ne nommer que ces plages. Vous comprenez que Atlantic City, Old Orchard Beach, etc., ne m'attirent pas irrésistiblement. J'aime mieux les bords de mon Saint-Laurent ô gué, et j'ai hâte de me retrouver avec vous, mes chers amis, dans la maison qui n'a pas changé, où l'on se souvient. Elle est mon port de salut. Chemin faisant, je m'arrêterai quelques heures à Québec, en pèlerinage. Hélène prétend que ma vieille Cati ne me reconnaîtra pas, je veux au moins m'en assurer. Je me propose de longer des rues étroites, de passer sous des porches, par des portes jadis fortifiées, de revoir la Terrasse, les remparts, les vieux canons; je voudrais rencontrer des fantômes, y compris celui de l'ancienne Sylvie. J'irai ensuite déjeuner chez Kerhulu, puis je descendrai l'escalier de la basse ville... et je partagerai ma dévotion entre le buste de Louis XIV et l'église Notre-Dame-des-Victoires en attendant l'heure du train.

Si je n'avais pas l'espoir de me sentir enfin rapatriée en mettant le pied sur le sol de Saint-Jean-Port-Joli, je regretterais de ne pas avoir suivi ma première idée qui était de passer l'été en Bretagne.

À cette fin, je m'étais rendue directement de Paris à Saint-Malo. Je vous raconterai les belles excursions que j'ai faites aux environs. Je me proposais de visiter ensuite la Bretagne bretonnante et d'y mettre toute la belle saison. Mais voilà! La ville de Saint-Malo est bâtie sur une presqu'île, elle a la forme d'un navire et toutes ses statues font face à la mer. Chateaubriand, au pied des remparts, a l'air en contemplation devant le Grand-Bé, son tombeau, et ne voit pas plus loin en dehors de lui-même. Dans le jardin public, Duguay-Trouin paraît viser, par delà la Manche d'émeraude, particulièrement l'Angleterre. Mais, du point le plus élevé des remparts, le regard de Jacques Cartier fouille l'espace, franchit les mers, semble pénétrer dans le Saint-Laurent, apercevoir la pointe de Gaspé, l'île aux Coudres, le cap Diamant...

Je faisais ces réflexions un après-midi que j'étais assise sur un banc du jardin suspendu appelé «la batterie de Hollande», à quelques pas de la statue de notre découvreur. C'est dans cet admirable site que j'ai été prise de nostalgie. Des vers de Péguy me sont venus aux lèvres:

«Quand verrai-je tes flots qui passent par chez nous?
Quand nous reverrons-nous et nous reverrons-nous?
Ô maison de mon père, ô ma maison que j'aime!»

J'ai fait une dernière fois le tour des remparts, descendu l'escalier près de la tour Qui-qu'en-grogne et dit adieu le soir même à la maison natale de Châteaubriand, devenue l'hôtel où je logeais depuis une semaine.

J'étais partie d'un bel élan! Trois jours après, je prenais, au Havre, un paquebot qui devait me ramener à toute vitesse au Canada. Toute cette hâte et tous ces frais pour me sentir, au débarquer, plus dépaysée, moins chez moi qu'en France et trouver la maison de mon père devenue la propriété d'un étranger.

Vous avez compris, chère amie, que je vous écris sous le coup du désappointement. À d'autres qu'à vous je ne parlerais pas aussi librement. Après quatre années d'absence, il faut que je prenne garde à ce que je dis comme si je n'étais pas du terroir car, si mes compatriotes n'ont pas changé, ils sont quelque peu susceptibles.

Il y a une partie de l'héritage de gros'maman que vous ne pensiez peut-être pas recueillir, Régina: celle de confidente de Sylvie Carrière. J'espère me conduire de manière que vous ne soyez pas tentée de renoncer à la succession. Sous votre apaisante influence, après la première émotion du revoir, la minute de silence suivie probablement d'un flot de paroles (je me connais), je suis sûre de recouvrer mon équanimité*.

À bientôt donc, chère amie, mes chers amis, je vous avertirai par carte postale illustrée («château Ramezay», je la tiens prête à partir) du jour et de l'heure de mon arrivée. Il ne faudra pas venir me chercher au train: une vieille citoyenne de Saint-Jean-Port-Joli telle que moi doit être capable de s'y retrouver seule.

Sylvie

Mme Daniel Robichaud
à Mlle Sylvie Carrière

Saint-Jean-Port-Joli, 20 juin 1920

Mademoiselle,

Quand on vous a présenté Mme Daniel Robichaud, hier, chez Mme Tessier, j'ai bien vu que vous ne pensiez pas avoir devant vous la veuve de Jean

---

* Équanimité: égalité d'humeur, sérénité.

Leclerc. Je n'aurais pas accepté d'entrer dans la grande salle si j'avais su qu'il y eût de la visite et surtout que la visite c'était vous. Une fois prise, il a bien fallu que je paraisse être à mon aise mais je ne l'étais pas.

Vous vous êtes montrée affable et tout a bien marché jusqu'au moment où ma petite fille, qui était gênée pour commencer, a fini par s'apprivoiser, s'est laissé embrasser par vous, s'est décidée à lever les yeux et à vous sourire.

Vous avez été frappée de sa ressemblance avec son défunt père. J'ai vu le bras qui l'entourait retomber comme s'il était cassé, j'ai vu blanchir et trembler vos lèvres. J'ai compris que la mémoire de ce pauvre Jean est encore vivante dans votre cœur, après sept années et tout ce qui est arrivé, et que ma présence ne pouvait pas vous être agréable. Mon agitation a été aussi vive que la vôtre. Sans m'en apercevoir, je me suis trouvée debout, j'ai pris ma petite Louise par la main et tourné les talons comme si on m'avait mise à la porte. Mlle Régina était elle-même contente que je m'en aille, même si je partais comme les sauvages, sans dire bonjour. Elle a sauvé les apparences en disant de son air tranquille, tout en me reconduisant: «Je ne vous retiens pas, on dirait que le ciel se couvre, j'espère que vous aurez le temps de vous rendre à la maison avant l'orage et que vous reviendrez nous voir bien vite.»

Après mon départ, elle a dû vous raconter mon histoire, vous dire comment, sur le conseil, presque sur l'ordre de mon beau-père, j'ai été contrainte de me remarier pour garder à notre service un homme fiable, un «bon travaillant» accoutumé à cultiver notre terre depuis plusieurs années.

Daniel avait parlé de nous quitter un an avant la mort de Jean. Il avait un peu d'argent de côté — chez nous il ne gagnait pas gros mais il ne dépensait rien —, à trente-cinq ans, il était bien temps qu'il pense à se marier. En vue de s'établir, il voulait prendre un lot en bois debout dans un canton de colonisation. Jean lui avait demandé d'attendre un an, il avait augmenté ses gages et promis de l'aider à se bâtir. On aurait dit qu'il avait le pressentiment de ce qui l'attendait.

Pourtant, le jour qu'il est tombé malade, il croyait bien n'avoir qu'un rhume ordinaire et ne savait même pas où ni comment il l'avait attrapé. Le matin, il avait été à l'église chanter un service anniversaire et, ensuite, au magasin faire quelques petits achats. C'est en revenant qu'il a été pris d'un gros frisson. Tante Louise lui a fait tout de suite une bonne ponce*, mis une mouche de moutarde** sur la poitrine et l'a forcé à se coucher. Elle lui avait préparé son propre lit comme elle faisait autrefois dans ses maladies d'enfant. Sa chambre donne sur la cuisine, c'était plus à la main pour le soigner. Tout l'après-midi, on s'était relevées pour venir à bout de le faire suer; on avait entretenu, à chaleur égale, sur sa poitrine les cataplasmes de graine de lin, autour de lui et aux pieds les sacs d'avoine et les briques chaudes. Vers le soir, comme il ne prenait pas de

---

* Note de l'auteure: punch ou grog.
** Note de l'auteure: sinapisme [cataplasme à base de farine de moutarde noire].

mieux, au contraire, Daniel a été cherché le docteur.
Le lendemain, il a fallu courir au prêtre et, deux
jours après, il mourait. Je restais veuve avec quatre
petits enfants, dont le dernier avait à peine trois
semaines.

Madame Tessier, quoique gravement malade,
s'est bien montrée utile en cette triste circonstance.
Depuis notre mariage, il y avait eu de la gêne entre
elle et Jean, à plus forte raison entre elle et moi.
Jean avait continué de chanter aux offices mais les
exercices se tenaient à l'église. Quand a couru dans
le village la nouvelle que M. le curé lui avait porté le
bon Dieu, Mme Tessier a envoyé Mlle Alice offrir ses
services et, tout de suite après sa mort, Mme Gérard
et Mlle Régina ont apporté en même temps que son
offrande de messes ses grands chandeliers d'argent
et les plus belles plantes vertes de sa serre pour
décorer la chambre mortuaire. Elles n'ont pas craint
d'attraper la grippe espagnole quand nos voisins et
nos parents mêmes n'osaient pas trop venir prier au
corps. C'est des choses qu'on n'oublie pas.

Le malheur a passé sur nous en ouragan.
L'homme jeune et fort sur qui reposaient l'avenir et
la prospérité de la famille a été arraché à la terre et
le vieillard de soixante-seize ans, durement ébranlé.
Il se raidissait pour ne pas tomber mais il craquait de
toutes parts. Pendant plusieurs jours on a pensé
qu'il n'en reviendrait pas. Il a fallu que je prenne
sur moi bien gros, chère demoiselle, pour ne pas
tomber malade à mon tour, et ne pas faire dommage
à mon bébé que je nourrissais.

Le jour de l'enterrement, après le départ des étrangers, quand on s'est retrouvés seuls, les deux vieux et moi — les enfants n'étaient pas encore revenus de chez mes parents —, on a eu froid jusqu'à l'âme et manqué de courage pour dire la prière du soir devant la grande croix noire qui avait été portée le matin même en avant du corbillard qui conduisait notre Jean à sa dernière demeure. Tante Louise était assise sur ses talons et gémissait tout bas, la tempe collée à la cloison. M. Auguste à genoux derrière une chaise, les bras et la tête appuyés au dossier se lamentait: «Qu'est-ce que j'ai fait au bon Dieu pour mériter d'être puni comme ça?... À quoi est-ce que ça sert de vouloir bien faire, de tant travailler pour élever des enfants!»

Daniel, qui d'ordinaire se joignait à nous, ne s'est pas montré ce soir-là; il était gêné d'être vivant et en bonne santé comme si nous avions pu lui en faire des reproches. Je crois qu'il avait honte de sa bonne figure réjouie; les premiers jours, il osait à peine manger et fumer et entrait le moins possible dans la maison. C'était pourtant lui qui en était devenu le pilier, comme on dit. Il voyait à tout, soignait les animaux, trayait les vaches, etc. On a eu la chance dans notre malchance que le malheur soit arrivé pendant la morte saison. Les grains étaient serrés, il restait dehors tout au plus quelques tombereaux de patates qui n'étaient pas en perdition. Daniel a pu suffire à la besogne, heureusement, car M. Auguste ne l'aidait plus du tout. Il vivait, pour bien dire, machinalement presque sans manger et surtout sans fumer, ce qui était extraordinaire et inquiétait tante Louise qui, elle, avait peut-être plus de chagrin que lui, au fond, mais qui se faisait une raison. Elle était obligée d'avoir du courage pour deux.

Il passait ses grandes journées sur le bed*, la tête basse, les mains jointes entre les genoux, à cogner des clous** ou à marmotter en cherchant péniblement à rassembler ses idées.

Les premiers temps, j'essayais d'empêcher les enfants de faire du bruit pour ne pas fatiguer le pépère. Dans le jour, ça pouvait faire, ils étaient assez tranquilles; mais le soir, après le souper, quand Daniel restait à la maison, ils se reprenaient. C'était à qui grimperait le premier sur ses genoux, et il fallait que, bon gré mal gré, «bissaud», comme ils l'appelaient, consente à jouer avec eux, les fasse sauter à «tit galop, gros galop» comme de coutume.

M. Auguste ne se plaignait pas du tapage et je remarquais qu'au contraire il en profitait pour dégourdir ses jambes, sans attirer l'attention, et aller dehors voir le temps qu'il faisait. Un bon soir, en rentrant, il a repris — en apparence distraitement — sa chaise berçante devant la porte du poêle et recommencé de tisonner. Le lendemain, il prenait en passant sa blague à tabac et sa pipe dans la poche de sa blouse, pendue derrière la porte de la cuisine et arrachait un brin de foin au balai, en jetant un coup d'œil pour s'assurer qu'on ne s'occupait pas de lui.

---

* Note de l'auteure: lit-pliant.
** Note de l'auteure: sommeiller.

Il fallait voir sa main caresser sa fidèle amie, se refermer sur elle, la garder dans son poing fermé aux jointures saillantes, arrondies, on dirait, par la tendresse, et lentement, délicatement, la mettre entre ses dents pour l'essayer, ensuite la plonger dans sa blague, la bourrer sans se presser en tassant bien le tabac et garder son pouce sur le fourneau quelques instants avant de prendre avec les pincettes un petit tison pour l'allumer. Il fallait voir le pauvre vieux tendre ses lèvres vers elle en fermant les yeux, la happer goulûment, l'animer de son souffle et se renverser pour mieux en aspirer la vapeur enivrante, en exhaler plus longuement la fumée. Il y prenait autant de plaisir que si quelqu'un avait voulu l'en empêcher. Et on aurait dit que son découragement s'en allait en fumée; il continuait de ruminer, bien sûr, mais sa figure donnait l'impression que ses pensées étaient mons décousues, plus réconfortantes. Dès ce temps-là, je crois, il a eu l'idée de me marier avec Daniel et je ne suis pas sûre qu'il ne lui en ait pas touché un mot tout de suite, parce que, dès ce temps — un mois environ après la mort de Jean —, Daniel est devenu tout gêné avec moi. C'est au printemps seulement, dans le temps du sucre, quand il a passé quinze jours à la cabane de Saint-Aubert, que M. Auguste m'a parlé de ses projets.

Sur le coup, je me suis fâchée. Je n'ai pas pu m'empêcher de dire: Donnez-moi le temps de sevrer le petit, toujours.

Mettez-vous à ma place, chère demoiselle, auriez-vous été contente qu'on dispose de vous sans vous consulter? Ces affaires-là on aime toujours mieux les faire soi-même. Après le premier mouvement d'humeur, j'ai apiqué*. Après tout, Daniel me vaut bien, il est comme tous mes parents fils de cultivateur, ce n'est pas sa faute s'il est le neuvième garçon d'une famille de quinze enfants et s'il a été obligé jusqu'à présent de travailler à gages. Ça ne lui enlève pas ses qualités.

J'ai fait mon année de veuvage comme il faut; on n'a pas avancé le service anniversaire de mon premier mari pour hâter mon mariage avec le second. Le matin de mes noces, j'avais le cœur gros, mais ma tristesse s'est évadée dans le courant de la journée. Mon Daniel ne méritait pas que je gâte son bonheur, il était trop bon garçon pour ça.

Depuis que mon petit Jean-Auguste et ma petite Louise vont à l'école, je redeviens institutrice, par les soirs, pour les aider à faire leurs devoirs et j'ai un troisième élève qui apprend à écrire en même temps que les enfants. Il est plus habitué à manier la faux et la hache que le porte-plume, mais il y met beaucoup de bonne volonté et il aime sa maîtresse.

Il est entré en gendre dans la maison, mon Daniel. M. Auguste s'est comporté en bon père de famille. Il a été stipulé, au contrat, que le bien des ancêtres ira à celui des enfants de Jean qui montrera le plus de dispositions pour la culture: il faut qu'il reste au nom des Leclerc; mais les autres propriétés, l'argent en banque, les acquets et conquets, seront partagés également entre les autres enfants. Et,

---

* Apiquer: consentir; dans la navigation à voile, incliner les vergues de haut en bas.

d'après les apparences, il y en aura quelques autres. Le ber* ne restera pas longtemps au grenier, je vous en passe un papier: on n'est pas des Américains!

Tout ce que je demande au bon Dieu, c'est qu'il me donne la santé.

Si j'avais besoin de consolation, j'aurais celle d'avoir fait mon devoir envers mes enfants et pareillement envers le bien de famille. Le jour du mariage, chez les habitants, on ne jure pas seulement fidélité à son mari, on la jure, en même temps, à sa terre. Je me suis trouvée à tenir la promesse faite à Jean en épousant Daniel et je me suis libérée, en même temps, d'un remords: celui d'avoir mal agi envers vous, car je suis bien certaine qu'à ma place vous n'auriez pas consenti aux arrangements du père Leclerc: vous auriez préféré plier bagage et aller vivre à la ville avec vos enfants.

D'ailleurs, je ne suis pas prête à dire que ma lettre à Mme Tessier ait changé le cours des événements, mais je n'en ai pas moins regretté de l'avoir envoyée. Je ne sais pas ce qui m'a poussée, ou qui m'a poussée à le faire... ce ne peut être que la Providence des cultivateurs.

À présent que Jean est mort, il me semble que ce sera plus facile pour vous de me pardonner: je vous l'ai rendu un peu puisque je suis remariée... et je peux bien vous dire que, dans les premiers temps de notre ménage, j'ai été jalouse de vous. Il était bon mari mais sans empressement: je m'en rends compte à présent que j'en ai un autre. J'ai eu la preuve en

---

* Note de l'auteure: berceau.

deux circonstances qu'il y avait au fond de son cœur un petit coin où je n'avais pas accès. Pour m'en assurer, à la naissance de ma petite fille, quand il s'est agi de lui choisir un nom de baptême, j'ai demandé qu'on l'appelle Sylvie. Jean a rougi, pâli et dit d'un ton sec: «Elle va s'appeler Louise comme sa marraine.» Je savais ce que je voulais savoir.

La seconde fois que vous avez troublé notre tranquillité, ça été pendant la guerre. Ce soir-là, comme d'habitude, Jean lisait son journal, auprès de la table, dans le rayonnement de la lampe; moi, je reprisais des chaussettes sous l'abat-jour et, chaque fois que les nouvelles étaient intéressantes, il m'en faisait la lecture. Il venait de tourner rapidement plusieurs pages d'annonces lorsque brusquement les bras lui ont tombé! Je m'apprêtais à lui demander la cause de ce mouvement subit quand son air accablé m'a frappée.

Aussitôt que j'ai mis la main sur le journal, le portrait d'un groupe d'infirmières qui partaient pour le théâtre de la guerre m'a sauté aux yeux. Je me suis expliqué l'émotion de mon mari en vous reconnaissant parmi elles, d'autant plus qu'il a dû avoir, comme moi, l'impression que vous nous faisiez un peu la leçon. Cette fois, votre souvenir ne nous divisait pas, au contraire; il nous mettait dans le même sac.

Tout cela est déjà loin, le temps passe vite.

Je termine en vous invitant, mademoiselle, à venir voir ma petite famille. Mlle Louise et M. Auguste seront honorés et attendris de votre visite; vous devinez à qui vous êtes associée dans leur pensée. Ils ont parlé souvent de ce mémorable jour de Noël où vous leur êtes apparue dans la gloire d'un coucher de soleil en compagnie de leur cher garçon.

Je veux vous présenter mon Daniel. On vous mènera voir les jardins: parterre, potager, verger; les ruches et le poulailler, les lapins et les petits cochons. Je vous offrirai un verre de mon cassis et vous accepterez de trinquer avec moi en signe de réconciliation.

Pauline L. Robichaud

Mme Gustave Berti
à Mlle Sylvie Carrière

Valois, 10 août 1920

Chère petite sœur, veux-tu bien me dire ce que tu prétends faire et ce que signifie cette retraite à Saint-Jean-Port-Joli, quand tes parents et tes amis de Montréal te réclament à cor et à cri? Est-ce pour te laisser désirer que tu diffères ta venue ou est-ce qu'il t'a passé une nouvelle fantaisie par la tête?

Je me refuse à croire que le bel habitant qui t'a dédaignée autrefois — et qui doit être, à présent, père d'une nombreuse famille — puisse reprendre son empire sur le cœur de la personne sérieuse et avertie que tu es devenue avec les années.

Je profite de l'à-propos pour te dire que, si tu consentais à te départir de ta raideur professionnelle et à redevenir une jeune fille comme les autres, nous pourrions peut-être trouver parmi nos relations un mari qui te conviendrait. Gustave a même pensé à l'un de ses jeunes associés qui t'a beaucoup admirée jadis. Sa situation financière n'était pas alors ce qu'elle est aujourd'hui et mademoiselle Carrière, bachelière, d'allure indépendante et portée à se moquer de ses admirateurs, l'intimidait beaucoup. Parvenue à la trentaine, la susdite demoiselle pourrait peut-être se montrer plus accommodante...

Gustave invite, chaque semaine, pendant les vacances, deux ou trois des plus chic types de ses bureaux à venir passer le *week end* avec nous et le jeune Wistful est au nombre des privilégiés. Tes neveux profitent de leur présence pour organiser des divertissements de toutes sortes: excursions aux environs, sur terre et sur lac, joutes de tennis, parties de pêche, régates, goûters sur l'herbe, que sais-je encore... C'est une aubaine pour la jeunesse de Valois. Je prends part, comme une jeune, à tous ces amusements, le tennis excepté, et je ne m'en porte que mieux.

Viens donc te joindre à nous, sœurette, sois donc moins bas-de-Québec, je veux dire plus moderne, plus dans le mouvement. À quoi peux-tu t'occuper, là-bas, toute la sainte journée? À rêver au bord de l'eau, lire, pêcher à la ligne, écrire tes mémoires? À la rigueur, tu pourrais faire tout cela ici, et nous aurions au moins le plaisir de te voir à l'heure des repas.

Je n'en ai plus pour longtemps, à présent, avant de partir pour l'Europe. Gustave a décidé d'envoyer nos fils étudier à Paris; ses moyens lui permettent de leur donner ce vernis. Ici, dans les collèges, on est trop indulgent pour les fils de famille, leurs études s'en ressentent. Nous n'avons pas l'intention de les faire recommencer leurs classes — cela les mènerait trop loin — mais ils vont suivre des cours libres de haute philosophie, de sciences sociales, etc. Je les confierai à un correspondant sûr, je les installerai confortablement et j'ai pensé de les abonner à «l'Université des Annales» qui présente tous les hivers un programme de conférences extrêmement intéressantes.

Comme je ne pourrai pas, tout de même, revenir immédiatement à Montréal et que Paris, depuis la guerre, ne m'attire plus autant — il est devenu trop américain —, je me propose de porter mes pas du côté de Genève. On me dit que la ville est superbe et que les grands couturiers de Paris y exposent leurs dernières créations. C'est comme à Nice, d'ailleurs; on voit là, dans les vitrines, des choses qu'il faut découvrir, à Paris.

Et puis, il y aura, bientôt, l'ouverture des sessions de la Société des Nations. Je serais enchantée d'assister à quelques-unes des séances. Cette assemblée des plus puissants cerveaux de l'univers devrait être bien imposante. Il se trouvera très probablement dans l'entourage de ces messieurs un — peut-être plusieurs — des visiteurs distingués que nous avons reçus à notre table depuis quelques années; il se fera, je n'en doute pas, un devoir de me présenter, sinon les grandes vedettes, du moins quelques personnalités intéressantes. Je serais curieuse de savoir si Lloyd George a autant d'esprit qu'on lui en prête et ce qu'il pense de l'avenir du Canada.

Arrache-toi à ta province, petite sœur, viens vite nous rejoindre.

Je t'embrasse affectueusement,

Hélène

🦢

Mlle Sylvie Carrière
à Mme Gustave Berti

Saint-Jean-Port-Joli, 11 août 1920

Ma chère Hélène,

Le bel habitant qui m'a dédaignée, autrefois, est mort depuis deux ans et je le savais avant de venir à Saint-Jean. Autrement, je m'en serais peut-être abstenue pour ne pas donner prise à la critique. Je suis bien aise de pouvoir y prolonger mon séjour sans alarmer les personnes qui me veulent du bien en leur donnant des doutes sur la pureté de mes intentions.

Cependant, il se passe ici des choses que j'aurais préféré te cacher quelque temps encore. Je ne voulais pas te dire avant d'avoir terminé mon installation — j'allais écrire «intronisation» tant je me sens monter en dignité — que j'aurai bientôt feu et lieu*

* Avoir feu et lieu: habiter, avoir son foyer.

à Saint-Jean-Port-Joli. Mais, puisque tu dois partir pour voyage prochainement, je ne veux pas que tu t'éloignes sans être rassurée sur mon compte, avec le remords, peut-être, de ne pas m'avoir remise en mains sûres avant ton départ. Une parfaite quiétude te sera nécessaire dans les milieux internationaux où tu vas te mouvoir.

Sais-tu que je ne désespère pas de te voir admise avant peu dans l'imposante assemblée «des plus puissants cerveaux de l'univers»; on ne les pèsera pas avant l'ouverture de la session et, avec les progrès du féminisme, toutes les espérances te sont permises. Le jour où je verrai dans les gazettes que tu as joué au «golf» avec Lloyd George, je serai bien fière pour toi.

J'ai l'intention d'habiter ma future maison au moins cinq mois de l'année; et quand, à l'hiver, je regagnerai Québec ou Montréal, ce sera pour faire du service social... probablement en qualité de garde bénévole à l'hôpital Sainte-Justine. En ce moment, je ne veux pas penser à l'avenir: je fais halte dans le présent.

Ma raideur professionnelle, comme tu dis si bien, ne m'est pas venue sans quelque fatigue. Les soins généreusement rémunérés, que j'ai été appelée à donner, ne peuvent se comparer aux dévouements héroïques dont j'ai été souvent témoin; mais enfin, j'ai bien gagné de me reposer un peu et ce n'est pas le bon temps de parler mariage. Il y a eu, déjà, trois Sylvie bien distinctes, je ne me sens pas mûre pour un quatrième avatar; et, comme de nos jours, il n'y a pas de maris pour toutes les demandantes, je ne veux pas frustrer une jouvencelle à la taille souple, plus agile que moi à la course au bonheur, du bon parti que vous tenez en réserve.

D'ailleurs, si tu penses que la trentaine m'a rendue moins exigeante, tu te trompes. Celui que j'accepterais maintenant devrait posséder les qualités réunies de ceux qui m'ont dédaignée et, de plus, il faudrait qu'il sache découvrir ma retraite. J'imagine que, conduit par son destin, il viendra à cheval, par un beau clair de lune; il attachera sa monture au tronc velouté d'un de mes bouleaux, mettra chapeau bas et genou en terre pour demander ma main. Je la lui accorderai avec condescendance.

En prévision d'un retard à l'accomplissement de mon rêve, j'ai loué pour 99 ans un boqueteau situé à l'entrée du village appelé «le bocage du curé» et j'y fais construire une maisonnette. Mes plans sont faits et il y a un commencement d'exécution: creusage du puits et des fondations.

Pour me reposer de regarder travailler les terrassiers, je me suis mise à la besogne. J'ai esquissé une allée, désigné l'emplacement d'un minuscule miroir d'eau et d'un escalier de pierre — le terrain est accidenté —, tracé des plates-bandes, des corbeilles et un petit potager. Je manie le pic et la houe, le sécateur et le râteau.

Mon terrain est borné à l'ouest par un rideau de très vieilles épinettes. Prosper Bernier qui marche sur ses cent ans, l'œil à la mignonnette et le pied poudreux, de tout temps leur a tiré son bonnet à mèche: il ne les a pas connues jeunes. Elles se rési-

gnent à l'envahissement de leur domaine, en dode-
linant de leurs têtes encore vertes, sans s'inquiéter
des suggestions que me font les ouvriers. Elles sen-
tent bien qu'elles n'auront pas à redouter la cognée
tant qu'elles m'appartiendront; que je ne me lasserai
jamais de les voir, au coucher du soleil, se dresser,
noires, sur le ciel embrasé, la montagne bleue, le
fleuve miroitant et le paisible cimetière qui participe
à cette splendeur, que leurs troncs droits et gom-
meux aux branches sans aiguilles, entre lesquelles
apparaît la pointe argentée du clocher, me feront
toujours l'effet d'être les colonnes d'un temple et
me seront à jamais sacrés. Elles ont compris, dans
leur sagesse, que je ne suis pas venue dans ce bocage
pour chasser son âme mais pour y raffermir la
mienne, et elles continuent à se passer les oiseaux
comme si de rien n'était.

Les bonnes gens de la paroisse n'imitent pas
cette discrétion. Leur curiosité, pas trop bienveil-
lante les premiers jours, est devenue amicale quand
ils ont vu mon ardeur au travail. Pas rien qu'une fois
on m'a crié du haut d'un «voyage de foin» ou
d'entre les flancs d'un tombereau: «C'est trop fort
pour vous, la demoiselle», ou «Vous savez pas vous y
prendre, laissez donc faire les hommes»; et, ce qui
est plus aimable: «Vous feriez une bonne femme
d'habitant, vous!» Maintenant, on ne s'étonne plus
de me voir à l'œuvre; je fais partie du paysage. On
me salue familièrement et l'on m'invite à prendre
part à la vie paroissiale. Dimanche, Mme Daniel
Robichaud, la secrétaire du «Cercle des fermières»,
m'a emmenée visiter les travaux de tissage exécutés,

l'hiver dernier, par les membres du cercle dont elle est la principale animatrice. On est en train de les étiqueter pour les envoyer à l'Exposition de Québec. Mes amis Dumas n'ont pas voulu m'entendre parler d'aller à l'hôtel. Régina dit que je suis la visite la moins encombrante qu'elle connaisse: absente toute la journée, et qui s'endort, le soir, en sortant de table; elle ne souhaite pas que ma maison soit trop vite habitable. J'apprécie comme je dois sa gentillesse et ses petits soins, mais j'attends avec impatience le moment d'aller chercher mes vieux meubles à Québec. En distribuant les portes et les fenêtres de ma maison, je ne les ai pas oubliés. Le beau canapé a sa place marquée à côté de ma future cheminée et le petit secrétaire, un espace à sa taille sous un jour favorable.

Régina, qui cherche sans cesse à me faire plaisir, a insisté pour que j'accepte, en souvenir de notre chère gros'maman, un objet qui lui a appartenu: meuble, bibelot, bijou; elle m'en a laissé le choix.

J'avais remarqué, la veille de la «grande procession», parmi les décorations que l'on sortait des coffres: banderoles tricolores, petits drapeaux en faisceaux du Sacré-Cœur et du pape, beaux drapeaux français, le vieux pavillon du père de Mme Tessier qui était pilote, comme tu sais. Il devait servir de repoussoir aux autres en raison de ses dimensions et de ses couleurs fanées. J'ai demandé à Régina de me le donner. Elle a été surprise de ma préférence et n'a pas compris la nature de l'intérêt que je porte à cette relique. J'ai jugé inutile de le lui expliquer, mais j'ai ajouté à la liste des travaux que

La maison de Valérie Anctil-Tessier décorée à l'occasion d'une fête
religieuse. Madame Tessier avait probablement déployé des
drapeaux que lui a laissés son père, le pilote Édouard Anctil.

je fais exécuter sur mon terrain l'érection d'un mai*
à l'ancienne mode, tel qu'on en plantait autrefois à
la porte des demeures seigneuriales.

Je me propose d'en faire l'inauguration l'été
prochain. Ce sera ma façon de pendre la crémail-
lère.

Tu seras priée, ma chère Hélène, de venir assister
à la cérémonie avec Gustave et vos deux philoso-
phes. Je serai heureuse de vous recevoir chez moi,
avec tous les égards que vous méritez, mais je t'avertis que je ne céderai à personne l'honneur de hisser
au point le plus élevé de mon petit domaine le
symbole de la force qui nous protège et de la largeur

* Mai: mât.

d'esprit qui nous permet de garder notre âme:
l'*Union Jack*.

FIN

COMPOSÉ EN NEW BASKERVILLE CORPS 12
SELON UNE MAQUETTE RÉALISÉE PAR JOSÉE LALANCETTE
ET ACHEVÉ D'IMPRIMER EN MARS 1994
SUR LES PRESSES DES ATELIERS GRAPHIQUES MARC VEILLEUX
À CAP-SAINT-IGNACE, QUÉBEC
POUR LE COMPTE DE GASTON DESCHÊNES
ÉDITEUR À L'ENSEIGNE DU SEPTENTRION